中国学生成长速读书

总策划／邢涛　主编／龚勋

国家地理

百科全书 中国版

汕头大学出版社

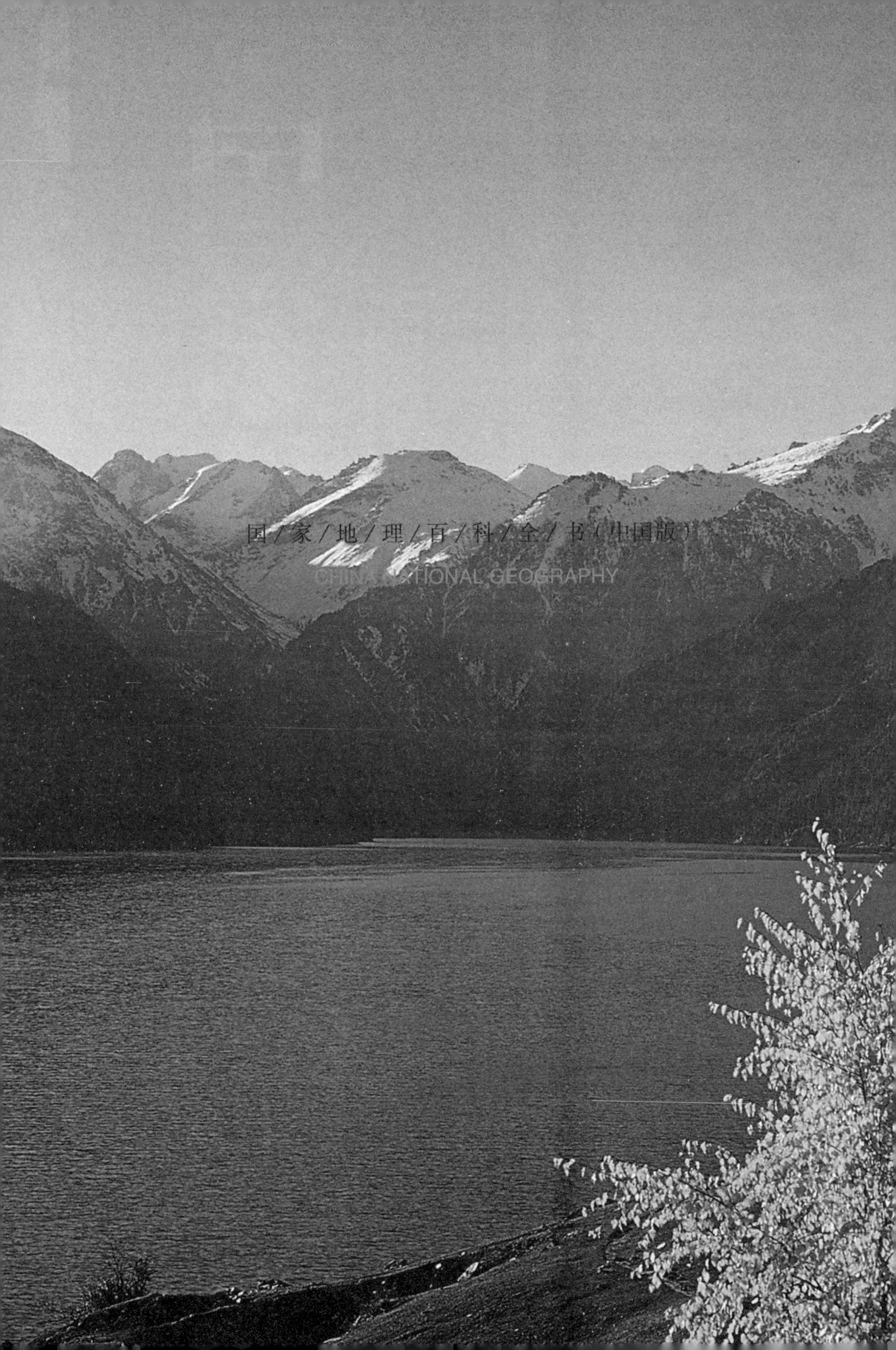
国/家/地/理/百/科/全/书（中国版）
CHINA NATIONAL GEOGRAPHY

FOREWORD

前言

　　一本书无法改变整个世界，但却可能改变一个人的一生。《国家地理百科全书（中国版）》正是这样一本可以在你的生命中产生影响的书。这是一本传导地理哲学、追求科学精神的书，一本给热爱生活、喜欢地理的读者阅读的普及读物，也是一本讲述自然和人文故事的高层次的书。它的内容已经超越了一般地理知识类或旅游类书籍的范围，国家地质公园的地质奇观、名山大川的美景风光、独特的地形地貌、古老的历史文化遗存……中国各地区的民俗民情等无不囊括其中。"地理"在今天已经成为一个广义的、宽泛的概念，人们在自然地理之外的更大空间中开辟出了人文地理，即在介绍地理知识和科学考察的同时，关照自然风光和历史人文，再现地理知识的地域性、差异性和综合性。

　　《国家地理百科全书（中国版）》一书以传导自然关怀和人文情感为使命，按地理位置的顺序，用数百幅美丽绝伦的图片配合生动精良的文字，为读者营造了一个感受中国自然地理和人文环境的良好氛围，并将地理知识实现潜移默化式的传递。

　　地理是一种教养，每一个关注未来、生活乐观上进的人都能通过阅读而习得；地理是一种气质，每一个崇尚自然、爱好探险、追求科学健康的生活方式的人也都能通过阅读而拥有。这正是我们编写本书的最大目的。

Contents | 目录

国家地理百科全书（中国版）

Contents | 目录

···国家地理百科全书（中国版）···

[第一章]

Part 1···

国家地质公园篇

地质公园是融合自然景观与人文景观的自然公园，有特定的地质科学意义和独特的地质景观，具备旅游休闲的功能。世界地质公园是由联合国教科文组织选出的。在中国众多的国家地质公园中，共有8个首批入选为世界地质公园，包括黑龙江五大连池、河南云台山、河南嵩山、安徽黄山、湖南张家界、江西庐山、云南石林和广东丹霞山地质公园。这一章详细介绍了我国丰富的地质景观，带你走近古老而神秘的地质遗产：火山喷发形成的五大连池，幽静秀美的张家界，美甲天下的黄山，中国第四纪冰川学说的诞生地庐山……

中国的火山博物馆

黑龙江五大连池

火山是一个由固体碎屑、熔岩、熔岩流或穹状喷出物围绕其喷出口堆积而成的隆起的丘或山。火山喷出口是一条由地幔或岩石圈到地表的管道。中国目前已建立了12个火山地貌景观类型的国家公园，但只有黑龙江五大连池被选入世界地质公园之列。

老黑山山顶上有一个百米左右深的漏斗型火山口，火山口内寸草不生。

五大连池位于黑龙江省德都县境内，距哈尔滨市413千米。1719~1721年，纳谟河中游的两座火山——老黑山和火烧山曾多次喷发，火山喷泻的熔岩流堵塞了纳谟河支流白河的河道，陆续形成了五个互相连通的熔岩堰塞湖，因其形如串珠状，故称"五大连池"。

在五大连池周围，分布有14座火山和60多平方千米的熔岩台地。这是一组休眠的火山群，为我国最新期火山，保存了非常完整的火山地质地貌。人们可以在这里观察完好的火山口和各种火山熔岩构造及浩渺的熔岩海。所以，这一带也被称为"火山公园"或"自然火山博物馆"。

五大连池是我国第二大火山堰塞湖，景色尤佳，是著名的火山游览胜地。

五大连池火山群

五大连池火山群是中国著名的第四纪火山群。一般认为它由14座火山组成。如果包括火山区西部的莲花山在内，五大连池火山群应由15座火山组成，火山岩分布面积达800多平方千米。其中，近期火山包括老黑山和火烧山两座火山。这两座火山均由高钾玄武质熔岩岩盾和锥体构成，总面积约68.3平方千米。

老黑山坐落在呈波状起伏的丘陵低地及白河河谷之上，是五大连池火山群里比高最大的一座火山锥体，海拔515.5米，高出地面165.9米，山表总面积约58.8平方千米。其平面形态受熔岩流溢出方向、溢出量及古地形的制约，总体呈不规则盾状。

火烧山位于老黑山东北约3千米处，叠覆在老黑山熔岩东北边缘之上，海拔340米，面积9.5平方千米。熔岩流主体向北流淌，火山锥坐落其上。火烧山是一个塌陷的火口，火口内壁陡峭，火口底低

黑色的熔岩流早已凝固成形，见证着当时火山的咆哮与喷发。

老黑山是五大连池中最年轻的火山，山坡上堆满了火山渣。

平。老黑山和火烧山代表了富钾火山岩带的最新活动，于1719～1721年最后喷发，距今不到300年。

矿泉"圣水"

老黑山与火烧山的喷发不仅造就了奇特的五大连池地貌，还带来了丰富的矿物质。五大连池的矿泉水与法国维希矿泉、俄罗斯北高加索矿泉并称为"世界三大冷矿泉"。这里的矿泉水可用作生活用水和医药用水，被誉为"神水"、"圣水"。每年的端午节，当地的人们都会聚集在五大连池的饮泉旁，一起欢度隆重的饮水节。传说，端午节零时的矿泉水象征吉祥。所以，等零时一到，人们便争相从供水管中取水引用、互相祝福。

黄山归来不看岳

仙境黄山

黄山在影片和山水画中是静静的，仿佛天上仙境，好像总在什么辽远而悬空的地方；而当你身临其境之时，则会感到神思飞越，浮想联翩，仿佛进入了梦幻世界……

安徽

黄山位于安徽省南部，古称黟山，因传说轩辕黄帝曾在此修炼而在唐天宝六年（747）改名黄山。明代地理学家徐霞客曾两游黄山，留下"五岳归来不看山，黄山归来不看岳"的赞誉。古人还有"天下名景集黄山"之说，意即天下名山有的优点，黄山都具备。事实也的确如此，黄山兼有泰山之雄伟、华山之峻峭、衡山之烟云、匡庐之飞瀑、雁荡之奇巧、峨嵋之清凉；同时又是峰峰形似刀削、色同苍玉、并且常年被烟云所缭绕，给人整体的感觉是"奇、伟、幻、险"。

黄山松为松科，长绿乔木，分布在海拔800～1800米以上的山体上。盘结在危岩、峭壁、山脊上，展现出顽强的生命力。

第四纪冰川时期，尖硬的冰层挟着砂石，冲刷掉风化的岩石，自然之力似无数把锋利的刻刀雕琢着各种岩体。

黄山的前世今生

根据地质学家的研究，早在约2.3亿年前，黄山所在的地区曾是一片汪洋。后来，海水逐渐干枯，陆地渐渐露出。经过一次大的地质运动后，此处完全变成了陆地。约1.43亿年前，黄山地区的地壳较为薄弱，地下的炽热岩浆沿着岩石之间的缝隙上侵，并在距地面3～6千米处冷却下来，形成了大量的花岗岩。大约6500万年前，黄山地区发生了一次大规模的地壳运动，花岗岩岩体发生了强烈的隆升，地壳开始产生间歇性抬升。随着地壳的抬升，地下岩体及其盖层遭受风化、剥蚀，同时受到来自不同方向的各种地应力的作用，在岩体中又产生了不同方向的节理（即岩石的裂缝）。距今约175万年以来，地壳继续间歇性上升，逐渐形成了今天的黄山地貌。

在黄山的岩体中，由于在矿物组分、结晶程度、矿物颗粒大小、抗风化能力和节理的性质、疏密程度等多方面存在差异，形成了鬼斧神工般的黄山美景。

三奇四绝

奇松、怪石、云海被誉为黄山"三奇"，加上温泉，合称黄山"四绝"，名冠于世。劈地摩天的奇峰、玲珑剔透的怪石、变化无常的云海、千奇百怪的苍松，构成了黄山无穷无尽的神奇美景。

傲骨奇松 "四绝"之首当属千姿百态的黄山松。黄山绵延数百里，千峰万壑，虽峰头不着寸土，但却是松的海洋，峰峰石骨，峰峰奇松。说它奇，一在状之异，

黄山松非同一般松千篇一律、千树一貌，而是形态迥异、个性非常；二在居之险，黄山松大都生长于海拔800～1800米的高山上，以石为母，破石而生，傍石而长，盘结于危岩峭壁之上，挺立于危崖绝壑之中，显示出顽强的生命力；三在寿之长，据说黄山松多寿达百年以上，少数古松甚至寿达千年。黄山最著名的迎客松挺立于玉屏峰东侧，寿逾800年，树高10米左右，树干中部伸出长达7.6米的两大侧枝展向前方，恰似一位好客的主人展开双臂，热情欢迎海内外宾客来黄山旅游；又有送客松，虬干苍翠，侧伸一枝，形似作揖送客。天都峰的峰顶有一棵古松悬在危崖上，一侧枝干很长，倾身向海，犹

黄山终年有200多天云雾缭绕。千变万化的云海，为黄山蒙上了一层神秘的面纱。

自盛唐以来，面对黄山美景，各路名流雅士争做黄山的大块文章。千余年来，他们倾尽笔墨绘写山水的灵动之气，却依然意犹未尽。

如苍龙探取海中之物，名为探海松。

山头"赶海" 每当云雾弥漫群峰，黄山便成为"海"的世界，俗语称之为"云海"。山谷云雾升起，悄然而至，遮掩群峰。大大小小的峰尖犹如孤岛，你会惊异身在山头却宛若伫立于海洋之中。几百里山谷烟云汇成大海，又凭借着气流回旋，升腾跌宕。风平浪静时，万顷云海波平似镜，映出近处山影如画，远处千舟竞发。风起云涌时，白浪飞溅，汹涌澎湃，席卷群峰。浓重时，奇峰犹抱琵琶半遮面；清淡处，一抹阳光描金绘彩。云海之美幻并非言语所能表达，有如前人对联所述，"岂有此理，说也不信；真正妙

绝，到此方知。"

黄山温泉 古之名"汤泉"、"汤池"、"朱砂泉"。温泉实为碳酸泉，水中以含重碳酸盐为主，并含钠、镁、钙等元素，水质纯正。温泉又有"灵泉"之称，民间传说黄山有一位心地善良的姑娘，她上山采药时，在温泉边救下一只受伤

的小鹿。小鹿为回报姑娘，从山上衔回一支灵芝草，投入温泉中，从此温泉就能医治百病了。又传说当年轩辕黄帝在黄山炼丹成功后，服下仙丹，躺在温泉里睡了七天七夜，醒来已脱胎换骨，鹤发童颜。不过温泉香浴，确有祛病健身的疗效。唐代诗人贾岛有《纪温泉》一诗："一濯三沐发，六凿还希夷。伐马返骨髓，发白令人黟。"

奇峰怪石 莲花峰、光明顶、天都峰为黄山三大主峰，海拔高度均在1800米以上，并以三大主峰为中心向四周铺展，跌落为深壑幽谷，隆起成峰峦峭壁，呈现出典型的峰林地貌。"峰奇石奇松更奇，云飞水飞山亦飞。"天都峰海拔1810米，

"飞来石"是黄山第一奇石，有人说它是第四纪冰川的遗迹之——冰川漂砾地貌，也有人说它是花岗岩风化的结果。

黄山四千仞，三十二莲峰。丹崖夹石柱，菡萏金芙蓉。伊昔升绝顶，下窥天目松。仙人炼玉处，羽化留馀踪。
——唐·李白《送温处士归黄山白鹅峰旧居》

峰顶平整如掌，有"登峰造极"石刻，中有天然石室可容纳百人。另有莲花峰，海拔1873米，为黄山第一高峰。黄山有无数灵幻奇巧的怪石，它们是远古时代火山和冰川留下的雕塑杰作。其中著名的怪石有："猴子观海"，那是狮子峰顶的一块巨石，犹如蹲在地上的猴子在观看前面的茫茫云海；"鲫鱼背"，从天都峰脚，手扶铁索栏杆，沿"天梯"攀登1564级台阶，至海拔1770米处有一石，石长10余米，宽仅1米，犹如鲫鱼之背，两侧万丈渊谷，深不可测；"醉石"，温泉至汤

岭道中有一巨石斜立，上刻"醉石"两字，旧传李白曾在这里饮酒听泉，乐而忘返，醉卧石旁，所以名为醉石。在其高约5米的横断面上，可见互相平行的垂直裂

雾凇是黄山冬季的著名景观。每逢严寒隆冬，满山玉树银花，在灿烂阳光中晶莹闪烁，蔚为奇观。

隙，与附近山峰倾斜的似层状裂隙迥然不同，因此断定为"外来客"；"梦笔生花"，北海散花坞左侧，有一孤立石峰，顶巅巧生奇松如花，故名"梦笔生花"；"飞来石"，在平天矼西端的峰头上，有一巨石耸立。巨石高12米，长7.5米，宽1.5米至2.5米，重约360吨，其下为岩石平台。岩石与平台之间的接触面很小，上面的石头像是从天外飞来的一样，故名"飞来石"。

"登黄山，天下无山，观止矣！"黄山以其博大神奇、优美秀丽的风貌成为中国的名山之魂。

秋意盎然的张家界浑朴中略带狂狷之气，危岩绝壁，雍容大气。

流水琢群峰　天然去雕饰

张家界砂岩峰林地质公园

千百座砂岩岩峰挺立着，肃穆、宁静、壮阔、气势雄伟。一柱柱阳光在岩峰间斜射，一缕缕云雾在岩峰间升腾。这就是张家界砂岩峰林——大自然在地球上独一无二的大创造！

张家界位于云贵高原东北部与湘西北中低山区过渡地带的武陵山脉之中，海拔300～1300米，面积约398平方千米。这里奇峰林立，森林莽莽，沟壑纵横，山溪秀丽，云雾缭绕，变化万千。这绝美的自然景观一直深藏在湘西北的崇山峻岭中，无人知晓。1979年，著名画家吴冠中和香港摄影家陈复礼来到张家界。面对如此大好河山，吴冠中兴奋不已，灵感涌动，提笔挥就《自家斧劈——张家界》的传世作品，并乘兴写下《养在深闺人未识》一文，赞美这颗"失落在深山的明珠"。从此，张家界开始名扬海内外。

张家界与武陵源

常德旧称武陵郡。秦以前，现时的张家界风景区属黔中地，自汉以来归武陵郡管辖。张家界所在的武陵源景区处云贵高原余脉武陵山，由张家界国家森林公园和索溪峪、天子山两大自然保护区组成。这里拥有世界上罕见的砂岩峰林地貌，藏峰、桥、洞、湖、瀑于一身。张家界开发之初，核心景区分属大庸、慈利、桑植三县管辖。1984年，湘西籍著名画家黄永玉提议把天子山、索溪峪、张家界这片如"世外桃源"般的景区命名为"武陵源"。同年10月，正式设立"武陵源风景名胜区"。1992年，武陵源景区加入"世界自然遗产"大家庭，与美国黄石国家公园、科罗拉多大峡谷等著名世界自然遗产并称"地球最后的奇迹"。2004年2月，张家界又以不可多得的地理特质——石英砂岩峰林峡谷地貌，成为我国首批世界地质公园之一。

张家界曾是汪洋大海

人们常用"沧海桑田"来形容岁月悠悠，世事难料。其实，随着地壳运动，海底的岩层上升为陆地，原来的陆地又沉入大海，这种"沧桑之变"是地球上再正常不过的纯自然现象。当我们惊叹大自然的鬼斧神工时，才知道这风光经历了3亿8千万年的漫长洗礼。亿万年前的张家界曾是一片波涛翻腾的汪洋大海，日月升沉，斗转星移，大量死去的海洋生物堆积为土，凝结成岩，终于在最后一次"燕山运动"中升出海面，从而有了这个原始生态体系的砂岩峰林峡谷地貌，变幻出今日的奇峰异石、溪绕云谷、绝壁生烟。在天子山出产着一种龟纹石，属湖南两大名石之一，它实际上就是生长在大海中的珊瑚化石，真实地记录了张家界沧海变高山的历史。

流水削出砂岩峰林

张家界砂岩峰林地貌被联合国教科文组织誉为

张家界的森林覆盖率极高。

"大盆景"张家界以岩称奇。这里有近3000座奇峰，拔地而起，形态各异。

"无价的地理纪念碑"，是非常典型的石英砂岩峰林地貌：石奇峰秀、寨高台平、壁险峡幽、水碧山青。石英砂岩因颗粒均匀，结构细密，具有很强的抗蚀能力，所以能昂然挺立，直插云霄。其发展演变经历了平台、方山、峰墙、峰丛、峰林、残林几个主要阶段。区内泥盆纪（距今3.5亿~4亿年）厚层石英砂岩，岩层产状平缓。北东向、北西向和南北向三组垂直节理发育，受重力崩塌及雨水冲刷等内外地质动力作用的影响，形成了峰林、峰柱、方山、石林、峡谷、嶂谷、幽谷等奇特的砂岩峰林地貌景观。由于暴露时间的长短和节理裂隙发育程度的不同，造就出石山、石墙、石柱、石峰、石门、天生桥等奇峰异石，鬼斧神工，形态各异，仿佛一座天然的艺术宫殿。区内共有砂岩峰柱3000余座，伟岸挺拔，蔚为壮观。石柱之上多生有松树、银杏等，枝繁叶茂，盘根错节，物种繁多。在360多平方千米的面积中，据航测所知有山峰3100多座，垂直400米以上的石峰就有1000余个。3000多座石英砂岩柱从平地、溪边拔地而起，粗者如城堡，细者如长鞭；有的似人，有的像兽；或列成方阵，或汇成峰海，景色随气候、季节的变化而不断变换，给人以层峦叠嶂的磅礴气势与恢宏大观之感。其他尚有方山、岩墙、天生桥、峡谷等造型地貌以及发育在三叠纪石灰岩中的溶洞景观。

壮美风光

张家界风景区是武陵源的主要组成部分。它东与

索溪峪中的"十里画廊"为一长峡谷，两侧的群峰组成了一尊尊天然雕塑。

张家界景区内三千奇峰拔地而起，八百溪流蜿蜒曲折，被中外游人誉为"扩大的盆景，缩小的仙境"。

慈利县的索溪峪交界，北与桑植县的天子山毗连，风光秀丽、原始、奇特、清新。张家界漫山遍野，处处入眼的是茂密的山林，森林覆盖率高达97.9%，被誉为"活化石"的水杉、银杏、珙桐、龙虾花等古稀植物比比皆是。雉鸡、穿山甲、猴面鹰、红嘴相思鸟、猕猴、飞虎、大鲵等珍禽异兽亦常出没于林中涧边。80年代初，专家考察武陵源时曾慨叹这里是动物的"避难所"，又是植物的"基因库"，堪称一座"自然博物馆和天然植物园"。张家界风景的另一大特色是云水景观丰富，经常可以看到流动的云带、云烟以及壮阔的云湖、云海、云涛和云瀑等胜景。因雨量丰沛，沟谷遍布，景区内流泉、石潭、绿涧、飞瀑随处可见。与自然风光相映成趣的是纯朴的田园风光。这里是土家族、白族、苗族等少数民族的聚居地，一块块梯田，一间间房舍星星点点散落在青山绿水间，绿树四合，炊烟袅袅。

索溪峪自然保护区在张家界东面，总面积200平方千米，因有溪水状如绳索而得名。这里山奇、水秀、桥险、洞幽。天子山自然保护区在桑植县境内，南邻张家界，东接索溪峪，主峰海拔1256米。从这里举目远眺，武陵千山万壑尽收眼底。区内石英砂岩峰林耸立，亚热带常绿阔叶原始次生林遍布其间。众多的泉瀑水景是天子山风景的一大特色，从红砂岩中流出的彩瀑更是一绝。云雾、霞日、月夜、冬雪是天子山的四大奇观，其中云雾在天子山最为多见。每当雨过天晴或阴雨连绵的日子里，幽幽山谷中生出了云烟，云雾缥缈在层峦叠嶂间。云海时浓时淡，石峰时隐时现，景象变幻万千。

在中华大地数不清的大自然景观中，张家界是发现得最迟的风景区之一。十几年前，它还处在与世隔绝的状态中。一旦向整个世界展示它全部的美丽，便有一种神奇的力量，吸引人们去探寻它的美，理解它的美，欣赏它的美。

寒冬时节，瑞雪降落峰林，冰柱下悬，千峰万壑有如镶银砌玉。

张家界秀美、原始、幽静，是大自然的迷宫，也是中国画的底本。

中国第四纪冰川学说的诞生地

诗画庐山

巍巍庐山，远看有如一山飞峙大江边，近看千峰携手紧相连，横看铁壁钢墙立湖岸，侧看擎天一柱耸云间。正如宋代大文豪苏东坡诗云："横看成岭侧成峰，远近高低各不同。不识庐山真面目，只缘身在此山中。"

庐山全年多雾。

庐山位于长江中游南岸江西九江市南，北濒长江，东临鄱阳。相传在周朝时有匡氏七兄弟上山修道，结庐为舍，由此而得名，自古享有"匡庐奇秀甲天下"之盛誉。庐山之大山、大江、大湖浑然一体，险峻与柔丽相济，素以"雄、奇、险、秀"闻名于世。早在1200多年前，唐代著名诗人李白便这样赞美庐山："予行天下，所游山水甚富，俊伟诡特，鲜有能过之者，真天下之壮观也。"

含鄱口面向鄱阳湖，仿佛一张大口吞吐滔滔湖水。含鄱岭上有含鄱亭一座，为观日赏月的佳处。

庐山地貌

庐山是一座地垒式断块山，外险内秀，有河流、湖泊、坡地、山峰等多种地貌。它还是中国第四纪冰川发育的典型地区，享有"世界地质公园"的称号。主峰大汉阳峰海拔1474米，四周围绕的群峰之间散布着道道沟壑、重重岩洞、条条瀑布、幽幽溪涧，地形地貌复杂多样。水流在河谷发育裂点，形成许多急流与瀑布。著名的三叠泉瀑布，落差达155米。

庐山地质构造复杂，形迹明显，展现出地壳变化的主要过程。第四纪庐山上升强烈，许多断裂构造形成众多山峰。庐山上升之际，周围相对下陷，鄱阳湖盆地进一步发展，形成鄱阳湖。北部以褶曲构造为主要特征，形成一系列谷岭地貌；南部和西北部则为一系列断层崖，形成高峻的山峰。由于断层块构造形成的山体多奇峰峻岭，所以庐山群峰有的浑圆如华盖，有的绵延似长城，有的高摩天穹，有的俯瞰波涛，有的像船航巷海，有的如龟行大地，雄伟壮观、气象万千。山地四周虽满布断崖峭壁、幽深涧谷，但从牯岭街至汉阳峰及其他山峰的

庐山脚下的庐林湖湖面宽阔，翠木环绕，山清水秀。

相对高度却不大，起伏较小，谷地宽广，形成"外陡里平"的奇特地形。

庐山处于亚热带季风区，雨量充沛，气候温和宜人，是盛夏季节高悬于长江中下游"热海"中的"凉岛"。从山下看山上，庐山云天缥渺，时隐时现，宛如仙境；从山上往山下看，脚下则云海茫茫，有如腾云驾雾一般。优越的自然条件使得庐山植物生长茂盛，植被丰富。随着海拔高度的增加，地表水热状况垂直分布，由山麓到山顶分别生长着常绿阔叶林、落叶阔叶林及两者的混交林。据不完全统计，庐山植物有210科、735属、1720种，分为温带、热带、亚热带、东亚、北美和中国等多种类型，是一座天然的植物园。

庐山与中国山水文化

"苍润高逸，秀出东南"的庐山，自古以来深受众多的文学家、艺术家的青睐。自东晋以来，诗人们以其豪迈激情、生花妙笔歌咏庐山的诗词歌赋有4000余首。东晋诗人谢灵运的《登庐山绝顶望诸峤》是中国最早的山水诗之一，庐山也由此成为中国山水诗的发祥地之一。诗人陶渊明一生以庐山为背景进行创作，他所开创的田园诗风，影响了他以后的整个中国诗坛。唐代诗人李白五次游历庐山，为庐山留下了《庐山遥寄卢侍御虚舟》等14首诗歌，他的《望庐山瀑布》同庐山瀑布千古长流，成

为中国古代诗歌的极品。宋代诗人苏轼的《题西林壁》中的"不识庐山真面目，只缘身在此山中"，成为充满辩证哲理的名句。唐代诗人白居易的《大林寺桃花》一诗，造就了一处庐山名胜——花径。他在庐山筑有"庐山草堂"，所撰的《庐山草堂记》是记述中国古代山水园林的名作。宋代理学家朱熹在庐山复兴白鹿洞书院，并使其成为中国古代四大书院之首。从此，明理学在这里千秋耕耘。山水诗在庐山大放光彩，山水画亦在庐山一展风流。东晋画家顾恺之创作的《庐山图》，成为中国绘画史上第一幅真正的山水画，即第一次以山水为画面的主体和主要表现对象。从此历代丹青大师以纸墨为载体，开始了对山水美感境界的表述。文人墨客对庐山抒情写意，浓墨重彩，使庐山积淀了丰富的文化内涵。科学家们对庐山进行科学探求，揭示其美的真谛。现代地质学家李四光以庐山第四纪地质地貌为研究对象，发表了《冰期之庐山》等一系列研究著作，从而开创了中国第四纪冰川学说。

庐山与第四纪冰川

庐山在10亿年前就开始了它的发展史，记录了地球的地壳演变史，承载过地球曾发生的一次次惊心动魄的巨变：海陆的轮番更替、地壳的缓慢沉积、气候的冷热交替、生物的生死嬗递、燕山运动的山体崛起、第四纪冰川的洗礼等等。庐山是存留第四纪冰川遗迹最典型的山体：大坳冰斗、芦林冰窖、王家坡U形谷、莲谷悬谷、犁头尖角峰、含鄱岭刃脊等等。

大约在2000万年前的喜马拉雅造山运动中，庐山才成断块山崛起，而在300万～1万年前的第四纪大冰期中，庐山至少产生过3～4次亚冰期。每个亚冰期长达数十万年，气候严寒，降雪量充沛，产生了冰川。每次冰川都对宏伟的庐山进行一番雕饰。亚冰期之间的间冰期气候炎热

自司马迁将庐山载入《史记》后，历代文人墨客相继慕名前来，而李白一首《望庐山瀑布》更使得匡庐瀑布天下闻名。

可达数十万年，冰川消融，流水涓涓，庐山四周断崖瀑布林立，泥石流不断产生，使庐山变得险峻而秀丽，成为天下名山。早在20世纪30年代，李四光就在庐山多处发现冰斗群。这些古冰斗群海拔标高约为1200米，代表了古雪线高度。芦林古冰窖的所在地是庐山上储冰的场所，其外观形态与冰斗相似，但比冰斗范围大得

庐山飞峙于长江和鄱阳湖之间，水汽郁结，云蒸霞蔚。云海、瀑布与绝壁构成庐山三绝。

多，高度也稍低一些。由于冰斗、冰窖不断向后扩展挖掘，使山岭越变越窄，犹如刀刃，此种山脊称为刃脊，以大月山、含鄱岭最为典型。庐山的王家坡是典型的冰川U形谷遗迹。U形谷中流动着的冰川厚度一般都大于60米，巨厚的冰层中冻结着各种大小不同的岩石块，可将U型谷中的岩块砂土搜刮一光，全部卷入冰流之中。

独特的地质构造特征，显著的地质特色，同时兼具景观奇秀、历史文化内涵丰富的地质遗址，使得庐山成为当之无愧的中华名山。

松树也是庐山的一道景观，庐山松林绿盖如野，郁郁葱葱，气势磅礴。

庐山盛夏如春，气候凉爽，是国内久负盛名的风景名胜区和避暑游览胜地。

一本阅读地球的大书

千峰石林

岩溶地貌是一种奇特的地貌景观，约占地球总面积的10%，而中国是岩溶地貌分布最广、类型最全的国家，尤以广西、贵州和云南所占的面积最大。石林是最典型的岩溶地貌景观，以其千姿百态的石峰、石柱、石笋而闻名于世。

黑森森的一片怪石如大海怒涛冲天而起，气势磅礴。

这里的石头生得奇形怪状，巍然耸立的石峰酷似莽莽苍苍的黑森林一般，所以人们形象地称之为"石林"。没有到过石林的人想象不出石林是个什么样子，不相信世界上会有万石成林、胜似仙境的地方，然而大自然无奇不有，神州大地就有好几座石峰成林的地方。其中云南石林以其面积广、岩柱高、小尺度造型及一定范围内景点集中的特点而独占鳌头。云南具有最为多样的石林形态，世界各地最为典型的石林岩溶形态在这里都可以找到，特别是成片出现的高达20～50米的石柱群，远望如林，非常壮观，堪称"石林喀斯特博物馆"。

石林不仅是岩溶地貌的一种典型景观，而且是一本阅读地球的大书。

石林奇景

石林位于云南省会昆明东南郊80千米处的路南。石林的主要景观区旧称李子箐石林，面积约350平方千米，包括大、小石林。石林中有的石柱拔地而起，可高达40～50米，有的石峰巍然高耸、刺破青天，有的嵯峨嶙峋，有的摇摇欲坠，令人心荡神驰。它们又是有灵性和生命的，有双鸟渡食、孔雀梳翅、凤凰灵仪、象踞石台、犀牛望月等肖物石，又有唐僧石、悟空石、八戒石、沙僧石、观音石、将军石、士兵俑、诗人行吟、阿诗玛等像生石，还有许多酷似植物，如雨后春笋、莲花蘑菇、玉簪花等，均栩栩如

著名的大叠水瀑布，很难想象石林中竟有如此恢弘飘逸的瀑布。

生、惟妙惟肖，令人叹为观止。另有一处"钟石"，能敲出许多种不同的音调。在比目潭附近，有一座高约10米、上粗下细的奇特的危崖石峰，人称万年灵芝，或称蘑菇云。从远处望去，状如原子弹爆炸后形成的蘑菇状烟云，十分独特。

石林成因揭秘

面对气势磅礴的石海，人们会情不自禁地问，这些鬼斧神工的石林是从哪

流水沿水平的岩石节理溶蚀，使石林形成彼此分离的叠层。

里来的啊？科学家们解释说，两三亿年前这里是一片汪洋大海，经过漫长的地质运动和物质进化，才使昔日的茫茫沧海变成了今日的莽莽石林。

石林与喀斯特岩溶地貌

说到石林，不能不提到喀斯特岩溶地貌。喀斯特地貌是指广泛出露有可溶性碳酸盐岩的地区，在地表水和地下水流动、溶蚀作用下形成的地貌景观。

喀斯特是原南斯拉夫西北部伊斯特拉半岛碳酸盐岩高原的地名，当地称之为"Kras"，意为岩石裸露的地方。受地中海式气候的影响，喀斯特高原的石灰岩地形发育典型，有地下水系、溶洞、石林、石芽、溶斗等主要类型。19世纪末，西方

学者鉴于喀斯特高原上石灰岩侵蚀地貌最为典型，便以"喀斯特"命名这种地貌，后来，这个词便成为世界各国所通用的专有术语。1966年，中国第二次喀斯特学术会议建议将"喀斯特地貌"改为"岩溶地貌"，故喀斯特地貌在中国又叫岩溶地貌。

水对可溶性岩石所进行的作用，统称为喀斯特作

用。喀斯特地貌的特征是大片的裸露岩石，岩石的外露部分接触到雨水，受微酸的雨水侵蚀而形成溶沟。溶痕的形成始于节理上微小的裂缝或迂回的沟纹，进而演化成比较深的沟壑，两侧是石灰岩残留的岩峰。因石灰岩表面坍塌而形成的落水洞或溶斗，可以合并形成凹陷的大洼地。当落水洞扩大时，它们之间的残留山丘变成圆

在夕阳晚照中，石林秀美异常，令人陶醉。

石林湖位于石林风景区入口处，是一座精心开辟的人工湖。

美丽、坚贞的阿诗玛化为一尊石像，倔强地挺立在石林深处。

灰岩大多是在海洋中形成的，是一种沉积岩。

亿万年前，海洋中生长着很多海洋生物，这些生物的遗体，加上入海河流带来的泥沙以及含钙的各类碎屑一起沉积下来，随着百万年、千万年的时间累积，不断地压实、石化，终于在海洋的底部生成了石灰岩。大海中的石灰岩经过海水流动时不断冲刷，留下了无数的溶沟和溶柱。后来，沉积岩经过地壳运动抬升成为陆地，常年遭受地下水和地表水的溶蚀，最后形成了组合类型多样的石林地貌景观。

路南石林是全球唯一一处位于亚热带高原地区的石林。在石林景区内，低矮的石芽与高大的石柱成簇成片广布于山岭、沟谷、洼地等各种地形，并与喀斯特洞穴、湖泊、瀑布等共生，组成了一幅岩溶地貌全景图。石林风景名胜区范围宽，石林集中。其造型之多，景观价值之高，举世罕见。景区也因此成为我国首个被列为世界地质公园的喀斯特类型的地质公园。

亿万年的风磨水洗为我们留下了一片350多平方千米的稀世奇观。踏进云南，如果不去石林，那将是人生一憾；等去了石林，才知道这里藏着天地之秘，岂一个"奇"字可以道明。

有些石林酷似树木，有的则像刀、鸟、兽、蘑菇、庙宇和山。

锥状，或被下切底部而形成塔状。喀斯特地貌的风化作用依赖充沛的降水与茂盛的植被，所以喀斯特地貌大都形成于热带地区。促使喀斯特发育的条件包括：一，地表附近有节理发育的致密石灰岩；二，中等到较大的降雨量；三，地下水循环通畅。

在距今约3.6亿年前的古生代泥盆纪时期，路南一带还是滇黔古海的一部分。大约2.5亿年前的早二叠世晚期，石林才开始形成。石

色如渥丹　灿若明霞

红石丹霞山

在广东省北部，有一片连绵起伏的红色山群，因其"色如渥丹，灿若明霞"，故称丹霞山。丹霞山以赤壁丹崖为特色，又被称为"红石公园"。地质学上以丹霞山为名，将同类地貌命名为"丹霞地貌"，丹霞山也因此成为世界上同类特殊地貌的命名地。

丹霞山是广东省四大名山之一，与罗浮山、西樵山、鼎湖山齐名。丹霞山位于广东省北部，处韶关市仁化、曲江两县交界地带。山体由红色砂岩、砾岩组成，沿垂直节理发育的各种丹崖奇峰极具特色，被称为"中国红石公园"，它是丹霞地貌的命名地。丹霞山于2010年被列入世界自然遗产名录。

丹霞山山石高下参差、形态各异，宛如一方红石雕塑园。

丹霞地貌

丹霞地貌是岩石地貌类型之一，是指红色砂岩经长期风化剥离和流水侵蚀，形成孤立的山峰和陡峭的奇岩怪石，是巨厚红色砂岩、砾岩层中沿垂直节理发育的各种丹霞奇峰的总称。丹霞地貌属于红层地貌，即在中生代侏罗纪至新生代第三纪沉积形成的红色岩系。在距今1.4亿年至7000万年前，丹霞山区曾是一个大型的内陆盆地。距今600万年以来，丹霞山区所在的盆地发生了多次间歇上升。红色地层沿着垂直节理受到了流水、重力、风力等作用的侵蚀，逐渐形成石柱、石芽、深沟等地貌形态，最终形成了现在的丹霞山区。

丹霞山风景区内群峰如林，疏密相生，高下参差，错落有序。

第二章

Part2···

山岳篇

　　山岳是地球演变过程中形成的自然景观。我国是一个多山的国家，山形千姿百态，雄奇灵秀，各具特色。其形象特征，是在不同的地质、地理条件下形成的。雄伟、险峻的山岳，大都处于地壳上升运动较强烈、断层较发育的地区，如泰山、峨眉山、华山、衡山等。它们形象高大，拔地通天，气势雄伟。尤其是像华山这样垂直节理发育的花岗岩高山，峰如斧劈，崖似壁立，巍峨奇险。中国的山岳历来就是佛家、道家崇敬之地，因而也成就了以佛、道名扬天下的多座名山，如佛教圣地五台山、峨眉山，道教的武当山、青城山等。山岳也是神话传说最多的地方，从三皇五帝、君王大臣到民间的凡夫俗子，都留下了美丽传说，山岳也因此而充满了灵性；而历代名人留下的诗词题赋更是增加了它们的文化底蕴，留给我们无尽的遐想。

地理风光大走廊
天山南北

"明月出天山，苍茫云海间。长风几万里，吹度玉门关。"李白的一首《关山月》让人不禁对中国边疆的白头雪山——天山神往不已。那里有清凉群山和皎皎圆月，有宁静原始的美丽风光……

巍天山，口衔天池，东西横亘2500余千米，南北宽约250～350千米，西起中哈边境，东至星星峡，在我国境内绵延1700千米。整个天山山系由3列山脉组成，由北往南分别称为北天山、中天山和南天山。天山山体由山地、山间盆地和山前平原三部分组成。作为一个比较年轻的山系，天山不过形成于距今二三百万年前，但在亿万年漫长的地质史中却反复经历了陆地－海洋－陆地的巨变，万劫打磨，百般锻造：隆起、断裂、剥蚀、沉降、移位……于地球一隅，孤独地进行着孕生，渐渐显形。终于，距今1200万～200万年前，天山在其演化的第三阶段中破茧而出，东西分布，条状隆起，形成今天的规模。

天山天池

天池位于北天山中段的博格达山北坡。博格达山向西，山势逐渐高峻，20多座海拔5000米以上的山峰将广袤、深远的新疆之奇丽、险峭的一面打开。回首东望，山势逐渐低矮，突然，博格达峰以海拔5445米的挺拔身姿陡起于群山丛中，与另外两座海拔分别为5287米和5213米的山峰构成了著名的"雪海三峰"，成为新疆的象征。天池也是因为陡然升起的高度而显得高

天山拥有茂密的森林、广阔的草原和众多的山系，是新疆"生命的摇篮"

峻异常。其实它的海拔为1943米，严格来说还不到"半山腰"。天池仰卧天山怀中，以无限的爱恋缠绵于近在咫尺的冰峰脚下，又被群山托起，风姿绰约。

天山雪莲

"耻于众草之为伍，何亭亭而独芳！何不为人之所赏兮，深山穷谷委严霜？"1000多年前，中国唐代一位著名的边塞诗人流连在西域时，曾经这样吟唱当地一种独特的植物，这种奇异的植物就是雪莲。

新疆地大物博，特殊的光热资源和强烈的昼夜温差使这里培育出许多独特的生物群落。天山雪莲属菊科，是多年生草本植物，其"异香腾风、秀色媚景"的风

姿很早为中国古人所认知。在新疆，世居于此的哈萨克、蒙古、维吾尔等少数民族居民则称此花为"卡尔莱丽"，意为雪中莲花。雪莲花就生长在海拔3000～4000米高寒冰碛地带的悬崖峭壁上。由于生长环境特殊，雪莲3～5年才能开花结果，很难人工栽培。雪莲植株高15～35厘米，茎粗厚，直立，密集着10多片嫩绿的长圆叶片，幼小时全株有特异的香味。每年7、8月间，雪莲开花，花的外围有十多瓣玉白色或淡绿色的半透明膜质苞

天池古称"瑶池"，长3400米，最宽处约1500米，最深处达105米，在地质学上属冰碛湖。

天山是新疆地域的分界，天山以北称为北疆，以南为南疆。

赛里木湖位于新疆天山西段的高山盆地中，呈椭圆形。

具有3000年历史的草原石人刻像就留守在天山以北的山间谷地中。

片，拥着一颗大如拳头的紫色半球形花心，看上去就像大朵荷花亭亭玉立于风雪之中，是高山冰雪王国上的一抹秀色。

泥火山

泥火山地处乌苏市白杨沟地区的天山浅山区，总数有40余个，其中直径最大的1.6米，最小的只有蚕豆大小。泥浆有灰色、褐红色和灰白色等几种，有的火山口喷发剧烈，伴有咕咚咕咚的响声，每分钟喷发的气泡达几十次之多；有的呈阵发性喷发，隔一段时间喷发一次。泥火山是地壳断裂活动形成的罕见自然景观，除我国新疆外，世界上只有美国、新西兰和我国的台湾地区有此现象，但其规模和数量都不如乌苏白杨沟地区发现的泥火山。这里的泥火山至今仍在不停地喷发，实属罕见。

天山北坡秘境

天山北坡上有许多色彩绚丽、景色奇绝的地理景点，被人称为"天山地理风光走廊"。自乌鲁木齐向西，北天山山脉诸峰突立，这些海拔3500～5000米的天山骄子，一路挑起银白耀眼的雪峰，俯瞰大地。从海拔1000～3600米，分布着从白垩纪、第三纪到早更新世的不同的变体岩系。其中海拔1000～2600米左右侏罗系分布广泛，由紫红色砂砾岩、砂岩、褐红色、灰绿色泥岩、砂岩组成。

史前地质奇观 呼图壁县内的天山北坡沿地槽出现陡峭如削的山崖绝壁，远远看去如一条蜿蜒起伏的长龙奔腾在浩瀚的戈壁上。长龙似的山体中广泛分布的侏罗纪地层和白垩纪地层。那些代表着侏罗纪、白垩纪等不同年代的绿色、紫红色、紫褐色、黄色、朱红色、灰绿色、灰白色、淡黄色、棕紫色等砂岩地层色性特征，使陡峭的山崖诸色共呈，夺目非凡。

"红山"石门子 进入呼图壁河谷的中上游段，山体出现非常明显的褶断束。在喀勒夏特北侧，有近乎东西280度的紧闭背斜，两翼岩层陡倾，倾角为75度左右。岩层被大自然的巨手断裂切割。呼图壁河从石门大峡谷中穿流而下，深切的河谷在石门前形成S形河弯深谷，与河谷两侧的构造山体形成了十分壮观的峡谷风光。这

里的背斜构造因以红色泥岩砂岩构成山体红色主调，多被当地人称为"红山"。而这里的许许多多的"石门子"实际上都是在东西向的背斜构造山体中，由南北向发育的河流切割的通道。到了塔西河谷内，一座塔西河石门大坝使山谷中形成了一条高山河流，南面是天山雪峰林海，北面是形态各异的红崖山峰，有的形如古堡，有的如利刃穿天的岩柱。

河谷历史 穿过塔西河石门，进入长达120千米，

宽约10千米的玛纳斯红山构造带。这条背斜构造是天山北坡第二排新生代构成的背斜构造，对研究天山的隆升过程、新构造运动、第三纪地层和古环境具有重要作用。最为壮观的是玛纳斯河谷。天山北麓年径流量超过10亿立方米的玛纳斯河像一条怒龙穿越玛纳斯背斜构造的中部。年轻的天山不断地隆升，被峡谷约束的玛纳斯河积聚了惊人的力量，深深切入大地，在今玛纳斯县凉州户乡境内留下3~4千米宽的河谷

地。这一段山岩呈现出4000万年至1200万年之间的渐新纪、中新纪、上新纪的山体特征和地层构造。蒙古庙至巴音沟段，侵蚀强烈的山间河谷地貌形态令人着迷，完整的流水阶地地貌表现得淋漓尽致。这里的多条河流将亿万年形成的第四纪、第三纪泥砂质地层切出深达几十至上百米深的河谷。河水从山谷呼啸穿越，在河谷槽壁上形成了奇特的沟蚀景观。纹沟、细沟、切沟和冲沟布满了长达几十千米的河谷槽壁，这些沟纹诉说着亿万年来惊心动魄的水与岸交锋的历史。

湿润温带山地生态系统的天然博物馆

生态长白山

长白山是一座与五岳齐名的大山，人称"千年积雪万年松，直上人间第一峰"。在我国众多的名山中，唯有长白山的纬度最高，其海拔和面积超过了国内的一般名山，也是欧亚大陆东部最高的山峰。

秋染长白山，如木刻版画一样的肃杀景致，让人从最纯净的色调中感受到一种简单的震撼。

在 中国东北吉林与朝鲜的接壤处，有一条呈东北－西南走向、绵延约1000千米的山脉，这就是闻名天下的长白山。据地质学家考证，其形成的历史已有100万年之久。它以茂密的森林、红松的故乡著称于世；它是第二松花江、图们江、鸭绿江三江之源，珍禽异兽之家，并拥有温泉、瀑布、山花、天池、奇峰、巨石等绚丽的自然风光。以长白山顶部天池为主体，包括周围的原始森林，是一座自然生态系统保持得比较完整的湿润温带山地生态系统的天然博物馆。整个地区平均海拔为500～1100米，长白山的最高峰——白头山海拔为2744米，是欧亚大陆东部最高的山峰。受山地地形垂直变化的影响，处于北温带的长白山地区具有山地气候特点，年平均气温变动于3℃～7℃之间，年降水量在600毫米以上，在海拔较高的地段，降雨量超过1400毫米，是我国东北雨量最丰沛的地区之一。本区冬季严寒而漫长，夏季温暖而潮湿，是亚洲东部大陆上唯一具有高山冻原的山地。

长白山大峡谷长70余千米，是火山熔岩表面的火山灰和泥土被江水及雨水冲刷而形成的。

优越的条件。

温带到寒极主要植被类型的缩影

长白山植物种类异常丰富，植物区系成分也复杂多样，既有古老的第三纪植物成分，也有欧洲、西伯利亚的植物种，还有邻近的朝鲜和日本植物区系成分，随着冰川移动而南侵的极地植物，此外还发现有我国南方亚热带的成分。长白山植物区系与多样的自然条件相结合，组成了各具异彩的植被类型，从河谷一直分布到长白山主峰，几乎是欧亚大陆从温带到寒极各种主要植被类型的缩影，对于研究温带山地的地质、地貌、土壤、气候、植被和野生动物等具有重要的意义。长白山植被的垂直带谱明显，随着海拔的上升，气候逐渐下降，空

长白山美人松，学名"长白松"，树高且直，状似身材高挑的婀娜美女。

气湿度增大，雨量随之增多，由此山体自下而上分布着针阔混交林带、针叶林带、岳桦林带和高山冻原（苔原）带。高山植物因地处较高海拔，紫外线的强烈照射使之开出了许多色彩艳丽的花朵，为长白山戴上了美丽的花环。

长白瀑布急流而下，冲出约20米深的潭。潭水流出，汇为二道白河，两岸是岳桦林。

第四纪火山喷发区

长白山是历史上火山活动较为激烈的地区。早期喷发活动在距今约200万～300万年的第四纪，形成了以长白山天池为主要火山通道的火山锥。在最近300多年来又发生了3次喷发，因而形成了典型的火山地貌类型——玄武岩台地、倾斜玄武岩高原、火山锥体以及河谷等。在火山岩中常可看到夹杂的木炭，有的地方还发现有被火山岩埋没过的粗大红松。这些历史遗迹表明，长白山在火山喷发前及喷发间歇期间都曾有过茂密的森林。火山喷发后，含有多种矿物质的火山灰形成了肥沃的土壤。所以，这里的气候、地质历史、土壤都给长白山动、植物的繁衍提供了

独一无二的悬空寺奇构

绝塞名山 五岳之恒

域中之山，莫尊于五岳。嵩、衡、华、泰名震海外，而恒山却相对寂寞。然北岳有二奇，为宇内独绝。其一为悬空寺，楼阁浮空，虚楼悬秀；其二是百神同悦，三教合一。

山 西

悬空寺为木质框架式结构，半插横梁为基，巧借岩石暗托，梁柱上下一体。

北岳恒山，又名常山，是海河支流桑干河与滹沱河的分水岭。它西衔雁门关，东连太行山，南接五台山脉，北临大同盆地，跨晋、冀两省，绵延150多千米。秦始皇时，朝封天下12名山，恒山被推崇为天下第二山。恒山主峰居于山西省北部浑源县境内，海拔2016.8米，山高为五岳之冠，比泰山绝顶还高出近500米。天峰岭与翠屏峰是恒山主峰的东西两峰。双峰对峙，浑水中流，控关带河，山势险要，素有"人天北柱"、"绝塞名山"之称，历来是兵家必争之地。

悬空寺上载危岩，下临深谷，人行其上，有惊心动魄之感。

失严谨，似虚而实，似危而安，实中生巧，危里见俏。从谷底仰视，似仙阁凌空，上接云端；登楼俯瞰，如临绝壁深渊，浑水中流。古诗道："谁凿高山石，凌空构梵宫，蜃楼疑海上，鸟道没云中。"生动地描绘了悬空寺惊险神奇、动人心魄的景象。

从殿内侧身探头向外望，但见凌空的栈道只有数条立木和横木支撑着。这些木梁叫做"铁扁担"，

是用当地的特产铁杉木加工成为方形的木梁，深深插进岩石里去的。木梁用桐油浸过，所以不怕被白蚁咬，还有防腐作用。这正是修筑栈道的古法。悬空寺就是用类似筑栈道的方法修建的。另外，凹陷的山势使得塞外凛冽的大风不能吹袭悬空寺，而寺前的山峰又起了遮挡烈日的作用。据说，在夏天的时候，每天只有3个小时的阳光照射悬空寺。难怪它能够历经了千百年风雨甚至地震，迄今仍然牢牢地紧贴在峭壁上。

悬空寺

悬空寺始建于北魏后期，至今已有1400多年的历史。悬空寺面对天峰岭，背倚翠屏山，坐落在金龙口西崖峭壁上。它的建筑构思非常奇特，以崖凿眼，悬梁铺石为基，殿宇楼阁与崖体浑然结合。寺门依山势朝南开，内有楼阁殿宇40间，南北各有一座三檐歇山顶，危楼耸起，对峙而立，从低向高，三层叠起。殿阁间飞起栈道相连，高低相错，用木制楼梯沟通。整个寺庙错综而不显零乱，交叉而不

恒山被誉为"塞外第一山"，是著名的道教圣地和旅游胜地，保留了众多珍贵的文物古迹。

青黄并存·国宝佛光寺

清凉五台山

清凉圣境里，从那具有异国风情的白塔上飘来叮叮咚咚的风铃声，焚香炉散发着若有若无的檀香味儿，僧人们过着寒凉清净的日子，一切恍若隔世。

五台山是著名的佛教圣地，国内外佛教徒竞相来此朝礼。

五台山坐落在山西省的东北部，属于太行山系的北端。五台山海拔高度多在2700米以上，方圆约250千米，因其五峰如五根擎天巨柱，拔地崛起，而峰顶却平坦如台，故名五台山。这里又因海拔较高，山上植被茂密，四季清凉，降雨较多，而得名清凉山。五台山是驰名中外的佛教圣地，与浙江普陀山、四川峨眉山、安徽九华山并称为我国佛教四大名山。而五台山以其建寺历史之悠久和规模之宏大，位居佛教的四大名山之首，人称"金五台，银普陀，铜峨眉，铁九华"。

青黄并存

五台山被汉藏佛教徒共同确认为文殊菩萨的道场。在大乘佛教里，文殊菩萨是助佛弘法的首席菩萨，主司智慧。所以，五台山又被当做"智慧山"。东汉永平年间，五台山上已建有寺庙，后经北魏、北齐、隋、唐直到清末的多次修建，寺庙众多。后几经兴衰，现仅存庙宇47座。

元朝时，西藏僧人来五台山朝礼文殊菩萨，之后，藏传佛教传入五台山，并逐渐形成了"黄教"与"青教"并存的寺院系统。所以，五台山的寺院分为青庙

五台山古时"以岁积坚冰，夏仍飞雪，曾无炎暑，故曰清凉"。山中气候环境清净凉爽，是消夏避暑的好地方，被誉为"清凉圣境"。

和黄庙两种：青庙住和尚，黄庙（藏传佛教寺院）住喇嘛。菩萨顶寺是传说中的文殊菩萨居住处，为五台山黄庙之首。

中国第一国宝——佛光寺

佛光寺位于台怀镇佛光山的山麓，因历史悠久，寺内佛教文物珍贵，故有"亚洲佛光"之称。佛光寺创建于北魏时期，隋唐时曾一度兴盛繁旺，声名远及日本。公元845年，唐武宗于禁止佛教，佛光寺殿宇全部被毁。唐宣宗继位后光复佛法，于857年重建佛光寺。佛光寺高居山腰，共有殿堂楼阁120多间。寺殿分布基本为梯田式，共有三层院落，层层升高。

东大殿位于佛光寺内东向山腰，是佛光寺的主殿，气势宏伟，居高临下，可俯瞰全寺。东大殿外表朴素，柱、额、斗拱、门窗、墙壁，全用土红涂刷，未施彩绘。我国著名建筑学家梁思成称此殿"斗拱雄大、出檐深远"。大殿内完整地保存着一批唐代塑像，是现存唐塑中极其珍贵的艺术品。殿内还保存不少珍贵的唐代壁画。佛光寺的唐代建筑、唐代泥塑、唐代壁画和唐代题记被并称为佛光寺四绝。东

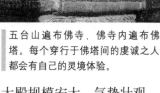

五台山遍布佛寺，佛寺内遍布佛塔。每个穿行于佛塔间的虔诚之人都会有自己的灵境体验。

大殿规模宏大，气势壮观，是我国现存唐代木构建筑中的代表作，被梁思成誉为"中国第一国宝"。

在华北地区拔地而起的五台山就像一朵半开的莲花，佛香缭绕向外不断地飘溢。在佛教徒的心目中，五台山是殊胜境地；而在普通世人的心目中，那里干干净净的，是一个有时间就该走一走的地方，哪怕不拜佛，就是去体验一下那份清凉也是好的。

显通寺内建有千钵文殊殿，殿内佛台上供着六尊文殊圣像。

泰山有着深厚的文化内涵，其古建筑主要为明清风格。

封禅泰山

庄严神圣的泰山，2000多年来一直是帝王朝拜的对象，一直是中国艺术家和学者的精神源泉，也是古代中国文明和信仰的象征。

岱庙为历代封建帝王到泰山封禅时举行大典的场所。

泰山，原名岱山，亦名岱宗。它雄峙山东中部，其南麓始于泰安城，北麓止于济南市，方圆426平方千米。主峰玉皇顶，海拔1545米。在我国的古代神话传说中，天地万物之祖盘古氏死后，头部化作东岳泰山。从而，泰山成为五岳之首。泰山风景以壮丽著称。重叠的山势，厚重的形体，苍松巨石的烘托，云烟的变化，使它在雄浑中兼有明丽，静穆中透着神奇。正如天阶坊上的对联所写，"人间灵应无双境，天下巍峨第一山"，泰山既是"天然的山岳公园"，又是"东方历史文化的缩影"。

泰山泉瀑背后的石壁上亦有巨大的石刻，笔迹丰沛圆润、苍劲有力。

几十亿年的沉浮演变

泰山大约形成于3000万年前的新生代中期。泰山的地层非常古老，主要由混合岩、混合花岗岩及各种片麻岩等世界上最古老的几种岩石构成，时代距今24～25亿年，属于地壳发展史上的太古代。鲁西地区（包括泰山在内）曾经是一个巨大的沉降带或海槽。强大的造山运动，即泰山运动，使沉降带上的岩层褶皱隆起为古陆，形成了规模巨大的山系，古泰山露出了海面。峙立于海平面上的古泰山，经过近20亿年的长期风化剥蚀，地势渐趋平缓。到距今6亿年前左右的早古生代，古泰山又沉沦于大海中。大约又经历了1亿多年，整个地区再次抬升为广阔无限的陆地，古泰山隆起为一个低矮的荒丘。距今约1亿多年前的中

生代晚期，由于太平洋板块向亚欧大陆板块挤压和俯冲，泰山在燕山运动的影响下，地层发生了广泛的褶皱和断裂。在频繁而激烈的地壳运动中，泰山山体快速抬升，开始形成其雏形。由于喜马拉雅山运动的影响，泰山不断抬升，至距今约3000万年前的新生代中期，今日泰山的轮廓才得以基本完成。大自然的鬼斧神工，使泰山谷幽壑深，壁立千仞。明太祖朱元璋御制《岱山高》中说："岱山高兮，不知其几千万仞；根盘齐鲁兮，不知其几千百里；影照东海兮，巍然而柱天。"

封禅祭祀

"山莫大于泰山，史亦莫古于泰山。"相传远古时即有72位君主来到泰山巡狩祭祀，自秦以来，先后有12位皇帝前来封禅朝拜。秦始皇登峰遇雨，留下五大夫松的传说；汉武帝八登泰山，惊叹"高矣！极矣！大矣！特矣！壮矣！赫矣！骇矣！惑矣！"

自奴隶制社会至封建社会数千年以来，在中国历史上逐渐形成了一种极其隆重的旷世大典。凡是异姓而起或功高德显的帝王，天神必赐予吉祥的"符瑞"，他便有资格到泰山报告成功，答谢受命于天之恩，这就是历代帝王狂热追求的封禅大典。"封"是在泰山极顶聚土筑圆坛祭天帝，增泰山之高以表功于天；"禅"是在山下小山丘上积土筑方坛祭地神，增大地之厚以报福广

玉皇顶为泰山绝顶，顶上有西汉时期始建的玉皇庙。

恩厚之情。圆台方坛表示天圆地方。一代帝王若登封泰山即为天下太平、国家兴旺的标志。皇帝本人也就成为名副其实的真龙天子。所以东汉史学家班固在《白虎通义》中说："王者异姓而起，必升封泰山何？教告之义也。始受命之时，改制应天，天下太平，功成封禅，以告太平也。所以必于泰山何？万物所交代之处也。"如果哪一个皇帝不封禅，就说明他的功绩不大、政权不稳。至于侯王臣下更是把躬逢登礼看作是终生难得的荣誉。春秋时鲁国诸侯季氏大夫去祭泰山，孔子知道后就讽刺他说：像这样的人怎能有资格祭泰山呢！汉武帝元封元年（前110）封泰山，太史令司马谈被留到周南（今河南洛阳），不得从行，忧愤而死。临死前，他把儿子司马迁叫到床前哭着说："今天子接千岁之统，

南天门位于十八盘尽头，由下仰视，犹如天上宫阙，是泰山山顶的门户。

封泰山，而余不得从行，是命也夫！命也夫！"

美学泰山

数千年来，雄伟壮观的泰山自然景观融入了帝王封禅、宗教神话、书画意境、诗文渲染、工匠艺术以及科学家的探索等等文化因子，构成了以富有美感的典型的自然景观为基础，又渗透着人文景观的地域空间综合体，即独特的泰山风景。风景区面积125平方千米，以主峰为中心，呈放射状分布，形成三重空间一条轴线的景观格局。所谓三重空间，一是以岱庙为中心的人间闹市泰安城，二是城西南蒿里山的"阴曹地府"，三是南天门以上的仙界天府。一条轴线是指连接这三重空间的景观带，主要是泰安城岱庙中轴线北延岱宗坊上至玉皇顶长达6300级（号称7000级）的登道"天阶"。通过沿途三里一旗杆，五里一牌坊，一天门、中天门、南天门，构成一条"步步登天"雄伟壮丽的景观序列。岱庙是泰安城中轴线上的主体，这条中轴线从泰城南门起，延伸到岱宗坊，然后与登安山盘道相接而通向"天庭"，使山与城不仅在功能上，而且在建筑空间序列上

中天门位于黄岘岭脊之上，岭峻、谷幽，景色壮美。

形成一体。序列按登山祭祀活动的程序次第展开，贯穿着一种由"人境"至"仙境"的过渡阶段。

独特的泰山风景体现了中华民族几千年的历史文化，其中也包含了中华民族深刻的美学思想。泰山凌驾于齐鲁丘陵之上，相对高度达1300多米，与周围的平原、丘陵形成高低、大小的强烈对比。泰山群峰起伏，南高北低，主峰突兀。从海拔150余米的山麓泰安市区，至中天门海拔847米，南天门1460米，玉皇顶1545米，层层迭起，形成了一种由抑到扬的节奏感和"一

览众山小"的高旷气势。此外，历代帝王到泰山祭告天地，儒家释道、传教、授经，文化名士登攀鉴胜，也留下了琳琅满目的碑碣、摩崖、楹联石刻，成为泰山文化史中的一枝奇葩。

泰山具有特殊内蕴，其自然山体之宏大，景观形象之雄伟，赋存精神之崇高，山水文化之灿烂，名山历史之悠久，以至它无论在帝王面前，或平民百姓心目中，都是至高无上的。凡炎黄子孙，无不敬仰泰山精神，"稳如泰山"、"重如泰山"、"有眼不识泰山"的意识深入人心。世界上很难

"登仙之路"——泰山南天门十八盘岩层陡立，倾角70°～80°，令人称叹。

有第二座山像泰山那样，几千年来深入到整个民族亿万人的心中，并以其自然和文化融为一体的独特性立于世界遗产之林。

泰山石刻源远流长，自秦汉以来，上下2000余载，各代皆有珍碣石刻。

峭拔峻秀冠天下　奇险天下第一山

华山如立

华山是中华民族文化的发祥地之一，据晚清著名学者章太炎先生考证，"中华"、"华夏"皆藉华山而得名。

华山，古称"西岳"，我国五岳之一。它位于陕西省华阴市境内，秦、晋、豫黄河三角洲的交汇处，南接秦岭，北瞰黄渭，扼大西北进出中原之门户，素有"奇险天下第一山"之称。古代"花""华"通用，正如《水经注》所说：远而望之若花状，故名华山。又因其西约20千米另有少华山，所以也称太华山。

西峰是华山最秀丽险峻的山峰，其西北面，直立如刀削，空绝万丈，人称"舍身崖"。

华山来历

关于华山的来历，有一个惊心动魄的神话传说。相传大禹治水，处处得到人和神的帮助。他把黄河引出了龙门，来到潼关时，又被两座山挡住了去路。这两座山南面的叫华山，北面的叫中条山。它们紧紧相连，河水不能通过。这时有位名叫巨灵的大神，挺身出来帮大禹的忙。巨灵神的身躯不知有多么高，力气不知有多么大。只见他走上前去，伸出两只巨手，紧紧抓住南面华山的山顶，顺势用脚使劲去蹬北面中条山的

冰雪覆盖下的华山，更是处处惊险，步步惊魂。

南峰是华山最高主峰，也是五岳最高峰，古人尊称它为"华山元首"。

以想象。唐朝天才诗人李白"巨灵咆哮劈两山，洪波喷流射东海"的诗句，讲的正是华山的来历。

花岗岩石山

从地理学角度看，华山是秦岭支脉分水脊北侧的花岗岩石山，系一块完整硕大的花岗岩体构成，其历史衍化时间约为27亿年。《山海经》载："太华之山，削成而四方，其高五千仞，其广十里。"第三纪初，秦岭北麓断层下降，形成渭河构造盆地，秦岭上升形成山地。白垩纪时，山地花岗岩凸起成"岩柱"，形成华山，东西长约15千米，南北宽约10千米，面积约150平方千米。由于花岗岩纵横节理发育及其岩性特点，使之易受风化侵蚀，加上南北两大断层错动和东西两侧流水下切，造成华山四面如削、断崖千尺、陡峭险峻的山势。华山一向以雄伟险峻闻名天下。人们常这样形容五岳："恒山如行，华山如立，泰山如坐，恒山如飞，嵩山如卧。""华山如立"形象地概括了它的挺拔高峻。因华山东南西三面是悬崖峭壁，只有峰顶向北倾斜打开了登华山的道路，所以有"自古华山一条路"的说法。

华山历史悠久，传说甚丰，险峰之处，胜景频频，使人领略其美而回味无穷。

走在华山山道上，常能见到一些花岗岩怪石，多为风化侵蚀而成。

山根，要把两座连在一起的大山硬分开来。他这一鼓劲，中条山倒给蹬开了，黄河也顺利地从他蹬开的缺口流过去了。可是由于用力过猛，好端端的华山却被他掰裂，一高一低，成了两半。高一些的就是现在的华山，又叫太华山，低一些的就是现在的少华山。如今在陕西的华岳峰顶上，巨灵神开山时留下的手印，仍然老远就看得见，手掌和五个手指头的形状，还清清楚楚的。那个大脚印，则留在山西永济县境内中条山脉的首阳山下。华岳峰和首阳山隔河相峙，各在一省，巨灵神之巨大真是难

古建筑群·武术文化

玄岳武当

武当山古建筑群瑰丽辉煌，规模宏大，气势雄伟，名闻天下。它们大多是根据真武修仙的神话来设计布局的，荟萃了中国古代最优秀的建筑法式，集皇权至上、神庭天阙的庄严雄伟之大成，又营造出道教崇尚自然的玄虚超然。

武当山又名太和山、玄岳山，位于湖北省西北部丹江口市西南，北通秦岭，南接巴山。明代时，武当山被皇帝敕封为"大岳"、"玄岳"，地位在"五岳"之首。武当山有72峰、36岩、24涧、11洞、3潭、9泉、10池等胜景。主峰天柱峰，海拔1612米，一柱擎天，傲视群峰，被世人赞为"万山来朝"。有人说："天下名山佛占尽"，唯武当山是由道观所主宰，而成为道教第一名山。

古建筑群

武当山的古建筑群在明代期间逐渐形成规模，其中的道教建筑可以追溯到7世纪。这些宫阙庙宇集中体现了中国元、明、清三代世俗和宗教建筑的建筑学和艺术成就，代表了近千年的中国艺术和建筑的最高水平。

武当山被世人尊称为"仙山""道山"

紫霄宫是武当山道教建筑的主体。这里的空气中弥漫着一种宗教的气息，清澈、寂淡、虚空。

"五里一庵十里宫，丹墙碧瓦望玲珑"。武当山古建筑群规模宏大，超过了五岳。唐贞观年间（627~649）首开官建先河，以后各朝代又不断修建。明永乐年间（1403~1424），明成祖朱棣力倡

此门为玄岳门，为三间四柱五楼式的石建筑，建于明嘉靖三十一年（1552）。

武当道教，诏令敕修武当宫观，曾役使30余万军民工匠，按照道教中"玄天上帝"真武修炼的故事，用10余年的时间建起了金殿、玉虚、紫霄等8宫及元和、复真等观，共33个大型建筑群落。建筑线自古均州城至天柱峰金顶，绵延70千米，面积160万平方米，宫观、庵堂、寮舍、台院达2万多间。工匠们在设计上充分利用了地形特点，布局巧妙。宫观大都建筑在峰、峦、坡、岩、涧之间，质实精良，各具特点又互相联系。整个建筑群体疏密相宜，集中体现了我国古代建筑艺术的

玉虚宫，全称"玄天玉虚宫"。所谓"玉虚"，道教指玉帝的居处。

优秀传统。

金殿　　太和宫内建筑，是我国最大的铜铸鎏金大殿，建于明永乐十四年（1416）。殿高5.5米，宽5.8米，进深4.2米。殿内栋梁和藻井都有精细的花纹图案。藻井上悬挂一颗鎏金明珠，人称"避风仙珠"。传说这颗宝珠能镇住山风，使

之不能吹进殿门，以保证殿内神灯长明不灭。专家考证，山风不进殿的主要原因是殿壁及殿门的各个铸件非常严密、精确，无一丝隙漏。

玉虚宫　位于武当山展旗峰北陲，前列翠屏，后枕华麓，地势殊胜。原为武当山规模最大的宫观建筑群，有建筑2200余间，

金殿建在武当山群峰中最为雄奇险峻的天柱峰上，可谓"天上瑶台金阙"。

由于屡经火灾，保存下来的已经不多了。据统计，玉虚宫宫墙内的建筑遗址约8万多平方米，墙外的道院建筑面积为7万多平方米，宫墙周长约1300米。此宫平面布局呈宝塔形，坐南朝北，布局严谨，轴线分明。

紫霄宫　此宫建于明永乐十一年（1413）。紫霄宫周围岗峦天然形成一把宝椅状，故明代永乐皇帝封之为"紫霄福地"。紫霄宫是利用特殊地貌开展建筑的典范，在纵向陡峭、横向宽敞的地形上，构筑轴线建筑。中轴线上分布五级，由下而上依次建龙虎殿、碑亭、十方

堂、紫霄大殿、父母殿，逐次升高，两侧设置配房等建筑。同时运用砌筑高大台阶的方法，将紫霄宫分隔为三进院落，构成一组殿堂楼宇鳞次栉比、主次分明的建筑群。远远望去威严肃穆，极具皇家道场的气派。

道教是发源于中国古代文化的本土宗教，当时中国有多座道教名山，而武当山的宫观为何举世无双呢？其中缘由与明成祖朱棣密切相关。

武当宫观始建于唐代，宋元时又陆续有建置，到了明代，藩王朱棣

"亘古无双胜境，天下第一仙山"的武当山，是中国的道教名山。

武当山武术以内家拳种为代表，是中国武术中与少林齐名的重要流派。

发动"靖难之役"夺取了侄子的皇位。为了使其行为名正言顺，他便求助于皇权神授，希望得到武当真武大帝的阴佑。朱棣在功成即位后大兴土木，北修故宫，南修武当，后者便是为了酬谢神灵，巩固统治。朱棣还把真武钦定为皇室的主要保护神，这些举动为武当道教的鼎盛拉开了序幕。以后明朝诸帝一直把武当作为专为朝廷祈福禳灾的朝廷家庙，扶持武当道教，加封武当，扩建宫观，使其成为"天下第一山"和全国的道教活动中心。

武术文化

中国武林中，素有"北宗少林，南尊武当"之说。这里的"武当"就是指发源于武当山的武当武术。武当武术重内修，主张后发先至，以柔克刚，以静制动，非厄困而不发，被人称为内家拳。

武当武功，摄养生之精髓，集技击之大成，它不仅有其独特的拳种门派，而且理论上也独树一帜，自成体系。它作为一种文化，蕴含着深刻的中国传统哲理奥妙，把中国古代太极、阴阳、五行、八卦等哲学理论，用于拳理、拳技、练功原则和技击战略中，其本质上是探讨生命活动的规律。据传，武当内家拳的祖师是武当丹士张三丰。他在武当山修炼时曾看到喜鹊和蛇的一场争斗，因而悟通太极妙理，创造了风格独特的武当拳。后经历代宗师不断充实和发展，武当武功派生出众多的门派和种类，内容十分丰富。其中包括太极、形意、八卦等拳术套路；太极枪、太极剑等各种械术；轻功、硬功、绝技及各种强身健体的气功等。武当武功也由此走出深山，以其松沉自然、外柔内刚、行功走架如行云流水连绵不绝的独特风格在武林中独树一帜，成为中华武术的重要流派。

南岩又名独阳岩、紫霄岩，为道教所称真武得道飞升之"圣境"。

金顶是峨眉山寺庙和景点最集中的地方，为峨眉山的精华所在。

佛光的霓裳

峨眉山佛影

1600多年前，一位登上峨眉金顶的印度高僧宝掌，面对眼前胜景，不禁发出"震旦第一山"的赞叹。这也许是因为他在高山之巅见到了神秘而美丽的"佛光"，据说佛教界认为那是佛陀眉宇间放出的光芒……

四川

乐山大佛，又称"凌云大佛"，是世界上最大的弥勒佛像。

峨眉山像一道巨大的翠屏，耸立在成都平原西南，遥望弯曲柔美的山体轮廓，犹如少女的面容和修眉，于是人们很早便称它为"峨眉"。峨眉山雄、秀、险、奇、幽，其前山千岩万壑，苍翠欲滴，飞瀑流泉，逶迤多姿；后山巍峨挺拔，峭壁千仞，云翻浪滚，雄险惊心。

佛教圣地·乐山大佛

峨眉山也是一座佛教名山，相传是释迦牟尼身旁的普贤大菩萨显灵说法的道场。历经晋、唐、宋的续建和明、清两代发展，先后兴建佛寺200多处，僧众达数千人。由于历史变迁，现在峨眉山景区内尚存十余处古寺名胜，如报国寺、万年寺、仙峰寺、洗象池、金顶等。

乐山大佛位于峨眉山以东，岷江、大渡河、青衣江三江汇流处，是峨眉山区的一处重要名胜。佛像通高71米，头高14.7米、直径10米，仅一只佛足就宽5.5米、长11米，上面可围坐百人以上。

佛光之谜

佛光即峨眉宝光，又称"金顶祥光"。在特定的气候条件下，旭日东升或夕阳西下时，人们在金顶附近可以看到在太阳相对方的云雾上有着七彩相间的巨大光环，更神奇的是连观者自己的身影也会映照在奇异的光环之中，人动影也动，人走影也走，绚丽而神奇。

佛家认为，佛光是从普贤菩萨的眉宇间放射出的救世之光、吉祥之光，只有与佛有缘的人，才能看到佛光。实际上，佛光是一种特殊的自然现象，是阳光照在云雾表面发生了衍射和漫反射作

万年寺是峨眉山最古老的寺庙之一，始建于东晋隆安三年（399），寺内供奉着普贤菩萨铜像。

用形成的。夏天和初冬的午后，舍身崖下的云层中骤然幻化出一个红、橙、黄、绿、青、蓝、紫的七色光环。观者背向偏西的阳光，有时会发现光环中出现自己的身影，举手投足，影皆随形。更神奇的是，即使成千上百人同时同址观看，观者也只能看见自己的影子，不见旁人。

佛光的出现需要阳光、地形和云海等众多自然因素的结合，只有在极少数具备了以上条件的地方才可欣赏到，而金顶的舍身崖便是一个得天独厚的观赏场所。19世纪初，因为峨眉山的气象条件最容易产生佛光，科学界便把这种难得的自然现象命名为"峨眉宝光"。据载，峨眉山佛光每月均有出现，夏天及初冬出现的次数最多，最多时全年可达100次左右。

峨眉山以其佛教文化和独到迷人的风光，吸引着四方游客，把人们带入那雄秀幻绝的奇妙境界。

报国寺是峨眉山进山的门户，门上匾额为康熙皇帝御笔手书。

万丈祝融拔地起　欲见不见轻烟里

衡山独秀

清人魏源《衡岳吟》中说："恒山如行，岱山如坐，华山如立，嵩山如卧，惟有南岳独如飞。"衡山以自然美景和佛、道两教之人文景观著称，有四绝："祝融峰之高，方广寺之深，藏经殿之秀，水帘洞之奇。"

衡山又名南岳，是我国五岳之一，位于湖南省衡山县。衡山山势雄伟，绵延数百千米，有72峰，南起衡阳回雁峰，北止长沙岳麓山，巍峨七十二峰逶迤盘桓八百里。其中，祝融、天柱、芙蓉、紫盖、石廪五座峰最为有名。山体由巨大的花岗岩构成，巍峨峻峭，形状怪异。由于气候条件较好于其他四岳，衡山处处茂林修竹，奇花异草，终年苍翠，四时放香，景色十分秀美，因而有"南岳独秀"的美称。

■ 祝融峰挺拔突起，附近寺庙林立。

■ 南岳庙是我国南方最大的宫殿式古建筑群，其正殿又称为圣帝殿。

登衡山必登祝融

祝融峰海拔1298米，是衡山72峰中最高的一座，也是湘中盆地最高峰。古人说："不登祝融，不足以知其高。"唐代文学家韩愈诗云："祝融万丈拔地起，欲见不见轻烟里。"这两句诗既写了祝融峰的高峻、雄伟，又写了衡山烟云的美妙。传说祝融峰是祝融游息

在烟云的烘托和群峰的叠衬下，衡山雄姿英发。

之地。祝融是神话传说中的火神，自燧人氏发明取火以后，即由祝融保存火种。祝融峰绝顶处建有祝融殿，原称老圣殿，其前身是圣帝殿，始建于唐代。

水帘洞瀑布

水帘洞位于衡山紫盖峰下，又称洗心泉、洞真源，传说是道教朱陵大帝的居所。水帘洞瀑布尤为著名。沿溪岸行走，过石桥，可见山涧中乱石密布，流水盘其中。溪中有"冲退醉石"石刻。爬上丘坡，在轰轰作响的水声里，可见倾天而降之瀑，白练如匹，层层叠叠，绵延不绝，蔚为壮观。瀑布落下至一石池，池中水满，重又倾泻，这一泻便成落差高达50余米的第二叠瀑布，水足便成澎湃激流，水少则滴珠溅玉，

丝丝缕缕，仿若珠帘，成天然仙景。水帘洞之壑谷石壁，存有50余处古代石刻，多为唐宋以来至此赏瀑的名人所作。

南岳著名古刹

东汉年间道教渗入衡山开坛，五代后梁天监元年（502）佛教进入南岳发展，南岳衡山逐渐成了"十大丛林、八大茅庵"之地。环山数百里，有寺、庙、庵、观等200多处。位于南岳古镇的南岳大庙占地9800多平方米，庙内东侧有8个道观，西侧有8个佛寺，以示南岳佛道平等

并存。福严寺位于南岳镇白龙村东北掷钵峰下，其规模很大，被称为"南山第一古刹"。方广寺处于南岳峰岭间，古树苍苍，流水潺潺，幽雅深邃，因而有"方广寺之深"的说法。

南岳历史悠久，自古以来就是人杰荟萃的胜地。唐宋以来，一干鸿儒巨学、文人骚客陆续来访，在此讲学论经，吟诗作赋，进行了上百次学术交流，是以形成了南岳"文明奥区"之盛名。

衡山自然景色十分秀丽，故有"南岳独秀"的美称。

三绝胜景与泽雅屏纸

北雁荡·西雁荡

雁荡山山脉位于浙江省温州市东北部海滨，东濒浩渺的乐清海湾，北接莽莽括苍山脉，因山顶有湖，芦苇茂密，结草为荡，南归秋燕多宿于此，故名雁荡。

雁荡山以山水奇秀闻名，史称"东南第一山"。

雁荡山形成于约1.2亿年前，是环太平洋亚洲大陆边缘火山带中最具完整性、典型性的白垩纪流纹质古火山。它不仅记录了中生代古火山发生、演化的历史和深部地壳、地幔相互作用的过程，而且展示了1亿年来地质作用所产生的个性优美的自然景观，这在世界上是独一无二的。

浙江

雁荡山★

北雁荡山·"雁荡三绝"

雁荡山脉绵延数百千米，山水奇秀，天开图画，素有"海上名山，寰中绝胜"之誉，史称中国"东南第一山"。北雁荡山原名芙蓉山，山下有村名"芙蓉"，唐初始名雁荡山。雁荡山山体奇特，景象丰富，峰、嶂、柱、墩、岩、石、洞、穴等一应俱全，并以独特的形态及其有机的组合，构成变幻无穷、气势逼人、妙趣横生的景观形象；其水体丰富，动静皆绝，溪、泉、洞、潭、瀑、江、河、湖、海等无所不有。雁荡东南部风景较集中，灵峰、灵岩和大龙湫简称"二灵一龙"，古时称为"雁荡三绝"。

西雁荡山·泽雅屏纸

雁荡山水系的一条支脉延伸到泽雅，给这里的山坡带来了茂密的竹林。泽雅的先民就沿着河流建起水碓和纸槽，利用水力将水竹捣成纸绒、纸浆，最后制成纸张。经元、明、清三朝，至20世纪30年代，泽雅的纸农已近10万人，约占当地人口的80%。

屏纸生产在新时代的意义在于它内蕴的深厚文化内涵。纸山的水碓坑、纸作坊、捞纸的竹帘和纸农们操劳的身影连同满山的翠竹、清澈的溪水已一同映入现代人对中国古代文化的冥想之中。

第三章

Part3···

江河篇

文明始自河流，这是亘古不变的。在中华大地上，自北往南，由西向东，奔流着数不清的大江大河。几千年流淌奔涌，几万年生生不息，它们在中国人的心理构成中已经凝结为一种根深蒂固的情结、一种图腾和象征：它们是我们的母亲河，是中华民族的摇篮。自古至今，各朝各代都以江河为依托成就其伟业，最著名者如惠泽千年的都江堰水利工程。文人骚客们更不会舍弃这辽阔浩荡、包容万千的名川大江，他们在这里留下大量的诗词歌赋，如"黄河之水天上来，奔流到海不复回"、"孤帆远影碧空尽，惟见长江天际流"。这气魄、这胸襟，只有在这些奔涌的滔滔江河之中才能见得到，也只有生活在中国这块土地上的人们才能体会得到。

中国最长的内陆河流

南疆塔里木河

塔里木河的名字在古突厥语中的意思是"沙中之水"，它蜿蜒曲折地延伸进了大沙漠的肌理之中。在南疆绿洲文明的历史上，塔里木河曾经是丝绸之路上重要城池的生命线，譬如于阗、龟兹、楼兰、尼雅、焉耆……

作为南疆维吾尔族人的生命之河，塔里木河孕育着如许蓬勃的绿色生命。

在干燥的塔里木盆地的北部，发育了一条中国最长的内陆河——塔里木河，它仅次于伏尔加河，为世界第二大内陆河。塔里木河河水流量因季节差异而变化很大。每当进入酷热夏季，积雪、冰川融化，河水流量急剧增加。河道含沙量大，冲淤变化频繁，由于河流经常改道，中游地区形成了南北宽达千百米左右的冲积平原。塔里木河河道曲折，汊流众多，水草丛生，浩浩荡荡，形成一派"水上迷宫"的景象。

塔里木河流域因丝绸之路而成为三大古老文明——印度文明、希腊文明、中华文明交汇的走廊。

内陆河源流

内陆河又称内流河，是指不流入海洋的河流，多分布于大陆内部的干旱地区，因降雨少，沿河蒸发量大，河水多消失于沙漠或注入内陆湖盆。塔里木河就属于这类河流，它被群山环抱，流域内气候干燥，雨量稀少。塔里木河若以叶尔羌河源起算，全长为2179千米，其长度居全国第四位，流域面积19.8万平方千米。塔里木河上游源流有三条河：叶尔羌河、和田河、阿克苏河，三条支流在阿瓦提县境内汇合后始称塔里木河。

枯死的胡杨林

在新疆塔里木河沿岸，呈走廊状分布着的胡杨林是目前世界上面积最大的一片天然原始胡杨林。胡杨是随青藏高原的隆起而出现的古老树种，在干旱少雨的沙漠地带，其根可深入地下10米汲取水分。相传，这种树活着站立1000年，死后不倒1000年，倒后不腐又是1000年。林中伴生着大量的梭梭、甘草、柽柳、骆驼刺等沙生植物，养育着塔里木马鹿、野骆驼、鹅喉羚、大天鹅、鹭鸶等上百种野生动物。它们共同组成了一个特殊的生态体系，营造着一片片绿洲。坚韧的胡杨林不仅能起到防风固沙、防浪护岸、阻

沙漠中的树和沙漠中的河一样，死亡并非是生命力的丧失，而是生命形式的一种转换。

挡流沙移动的作用，而且还可以防止干热风、改善小气候，成为保护绿洲的第一道防线，并阻止了南疆两大沙漠——塔克拉玛干沙漠和库姆塔格沙漠的合拢。塔里木河断流之后的30年里，下游的胡杨林逐渐死亡，变成了沙漠中的"木乃伊"。胡杨林中已经没有了伴生植物。生长了几百上千年的古胡杨或围沙而立，或横亘沙丘，枯树败枝满目皆是，昔日胡杨走廊已经失去了生命力。

现在，在庞大的调水工程中，断流干涸的塔里木河下游怀抱着逐步恢复生机的希望，那千里胡杨林也将得到流水的滋润……

胡杨林枯死后，塔里木河下游成了一片茫茫大沙漠。

追溯母亲河的源头

九曲黄河天上来　青　海

黄河孕育了灿烂辉煌的华夏文明，因此有"母亲河"之誉。

黄河源头卡日曲

黄河，中国的第二大河。它发源于青海高原巴颜喀拉山北麓约古宗列盆地，蜿蜒东流，穿越黄土高原及黄淮海冲积大平原，注入渤海。其干流全长5464千米，水面落差4480米，流域总面积达75.24万平方千米。

据地质演变历史的考证，黄河是一条相对年轻的河流。在距今约115万年前的晚早更新世，黄河流域内还只有一些互不连通的湖盆，各自形成独立的内陆水系。此后，随着西部高原的抬升、河流的侵蚀和袭夺，历经约105万年的中更新世后，各湖盆间逐渐连通，形成了黄河水系的雏形。到距今约10万至1万年间的晚更新世，黄河才逐步演变成为从河源到入海口上下贯通的大河。自古以来，人们便对黄河之源展开了孜孜不倦的探寻。这些探寻河源的活动，有天马行空的神思遥想，有戎马倥偬的解鞍稍驻，亦有御命所系的寻根究底，而探寻结果却历千年而难有定论。"君不见黄河之水天上来，奔流到海不复回。"千余年前，李白这一声慨然长叹，似乎也蕴含了对黄河之源的种种遥想。生命之源的黄河水，你究竟来自何处，天上吗？天上又何方？

河）东流，注盐泽（今新疆罗布泊）。盐泽潜行地下，其南则河源出焉。"张骞的这种认识，据今人考证，是依据当时西域的传说，因为张骞本人不可能到达罗布泊。然而无论如何，这种说法经张骞之口，成了当时中原地区盛行的对河源的认识。东汉时期，班固又把原来的黄河"一源说"发展为"两源说"，即在张骞所知河源于阗之外，又加上了葱岭（今帕米尔高原），二流汇合后，流入蒲昌海（罗布泊）。另外，班固再次指出了黄河在罗布泊下潜流后，"南出于积石"。这样，关于黄河的"伏流重源"说便正式确立了起来。然而，这样的说法是缺乏科学依据的。

在遥远的上古时代，人们认为黄河源于昆仑山，即流传后世的"河出昆仑"说。

伏流重源说

　　战国时期，关于黄河的源头，有人提出"导河积石"说，此后又有"河出昆仑"说。这两种说法幻想成分居多，但却初步提出了"潜流"的概念，并最终导致了"伏流重源"之说。公元前126年的一天，已经杳无音讯13年的汉使张骞回到了长安城。张骞游历西域诸国，了解了有关西域的诸多情况，对黄河河源的认识即是其中一个收获。《史记·大宛列传》记载，张骞归来后向汉武帝报告说："于阗之西，则水皆西流，注西海；其东水（今塔里木

河出星宿说

　　隋朝大业五年（609），隋炀帝亲征吐谷浑，大败之，迫其王伏允西走，于是置四郡于其地，其一为"河源郡"。"河源郡"所辖之地虽未到河源地区，但既然郡名河源，则河源当在其附近。635年的一天，唐朝大将侯君集和江夏王李道宗来到了河源区——星宿川。星宿川即今

陕北的特殊地貌——黄土高原

星宿海,而柏海即今扎陵湖。这是历史上明确记载有人到达河源区的最早记录。元朝至元十七年(1280),中国少数民族旅行家都实带着大元皇帝忽必烈的御命来到河源区,专门来寻找河源,其弟阔阔出随同。后元朝翰林侍读潘昂霄根据阔阔出所言,著成《河源志》一篇。《河源志》描述了一个美丽、生动的星宿海,否定了"伏流重源"说。但是,与都实大约同时,元代地理学家朱思本却从西藏梵文图书中得知,星宿海并非

羊皮筏是古代沿袭至今的黄河摆渡工具。

黄河最后源头,河源犹在其西南百里之外。明洪武十五年(1382),宗泐和尚奉使西藏归来,经过河源地区时,曾对之进行考察,指出河源出自巴颜喀拉山的东北,而且巴颜喀拉山是黄河与长江在上源的分水岭。这在黄河河源的认识上是一个大突破。

正源之争

清初,随着中原地区与河源区的来往更加频繁,

黄河洪水挟带大量泥沙进入下游平原地区后泥沙迅速沉积,主流则在漫流区游荡,人们不得不筑堤防洪。

人们已经逐渐了解到在黄河上源区有三条支河,但对其具体情况还不是太清楚。康熙皇帝一向留心华夏地理,于是在康熙四十三年(1704)派拉锡、舒兰等人前去探究河源。拉锡一行经过一番考察后,绘制了《星宿河源图》回复康熙皇帝。舒兰还撰有《河源记》,证实了"古尔班索罗谟"的存在。然而拉锡等人并没有指出哪一支流为正源。乾隆中期,齐召南编著了一部《水道提纲》,其中把黄河上源三条支流的中间一支阿尔坦河定为正源。这条阿尔坦河,即是现在的约古宗列曲,另外两源是扎曲和卡日曲。乾隆四十七年(1782),乾隆皇帝派遣乾清门侍卫阿弥达"穷河源告祭"。阿弥达告祭河源之后,将南面一条色黄的支流定为河源,即卡日曲。这就引起后世关于河源到底是约古宗列曲还是卡日曲的争议。乾隆皇帝在阿弥达考察之后,宣布此番考察发现的河源为黄河正源,从而否定了齐召南的约古宗列曲正源说。黄河正源问题在后世又有反复。

1952年,黄河河源查勘队在河源查勘了4个多月后,认为约古宗列曲是黄河正源。然而此说却引起颇多争议。1978年,青海省人民政府又组织有关单位在河源地区进行一个月的考察,重新认定卡日曲是黄河的正源,并根据卡日曲的长度重新测定了黄河长度,为5464千米。黄河正源之争至此方告一段落。其实无论孰为正源,卡日曲、约古宗列曲均为黄河的重要源头。二源和扎曲入星宿海,再转为玛曲,后汇入扎陵湖、鄂陵湖,复转出东走,即成为辗转游走5464千米、"奔流到海不复回"的滔滔黄河。

黄河之水自古至今滔滔不绝,而当年探寻者的足迹早已在岁月的流转中消磨不见。我们或许在偶然的凝思沉吟之际,犹可感受到张骞含辛茹苦的奇志和侯君集、李道宗立马星宿的豪情。只是彼时那情、那景、那人,如今已如诗、如画、如风。而河源呢?河源依旧美丽。

江源历代探寻

长江万里长

长江是世界第三大长河，整个流域的河网结构，为一巨大的树枝状水系。干流从青藏高原腹地至入海口，蜿蜒贯穿中国大陆地势的三级阶梯，有如大树的主干；众多的支流南北伸展，犹如树枝。

长江自宜宾至宜昌河段通称川江，流经四川与湖北两省。

长江发源于青藏高原的唐古拉山脉各拉丹冬峰西南侧。干流流经青海、西藏、四川、云南、重庆、湖北、湖南、江西、安徽、江苏、上海11个省、自治区、直辖市，于崇明岛以东注入东海。长江全长6300余千米，比黄河长800余千米，长度居世界第三位。长江干流自西而东横贯中国中部，数百条支流辐辏南北，延伸至贵州、甘肃、陕西、河南、广西、广东、浙江、福建8个省、自治区的部分地区，流域面积达180万平方千米，约占中国陆地总面积的1/5。

沱江是长江上游最大的支流之一。

长江溯源

"我家此山更西往，正见岷山发源处。三巴春雾雪初消，百折千回向东去。江水东流万里长，人今漂泊尚他乡。烟波草色时牵恨，风雨猿声欲断肠。"这一首《长江万里图》为"明初四杰"之一的杨基所作。从这首题画诗中，我们除了读到悠悠的思乡之情外，也了解到作者以岷山为长江源头的观念。这并非作者自己的看法，而是当时对江源的一种普遍认识。这一认识的提出，又要追溯到遥远的春秋战国时代。从那时

长江中下游的湿地上，生活着数以百万计的迁徙水鸟。丹顶鹤就在此地越冬。

起直至现今，人们对长江的探索从来没有停止过。

岷山导江 战国时期托名大禹治水而写成的《禹贡》中曾提到："岷山导江，东别为沱。"实际上，《禹贡》只不过是说大禹为消除洪灾，曾到岷山施工以治理长江，而后

人便据之以岷山为长江源头了。自汉代以来，人们普遍认为岷江为长江源头，长江就出自岷山山脚的羊膊岭。但随着社会的发展、人类实践活动的逐渐深入，人们也在开始逐

葛洲坝水电站修建在长江中游的宜昌，是长江干流上的第一座大型综合水利工程。

步摆脱《禹贡》"岷山导江"的束缚，将目光放得更远了。

认知金沙江　史籍中最早出现的有关金沙江的记载，当是《山海经·海内经》中的"有巴遂山，绳水出焉"。一般认为《海内经》为西汉初期的作品，而金沙江在汉代被称为绳水，所以《海内经》中的绳水应当就是金沙江。《汉书·地理志》对金沙江的描述又进了一步，明确指出金沙江是长江的一条支流，同时说明了它的行程所经及流程里距。北魏郦道元在《水经·若水注》中对金沙江进行了详细描述，并提到长江上游的许多干支流。唐朝樊绰《蛮书》中曾提到泸水与通天河的关系，表明唐人已对金沙江的上源通天河有所认识。然而，即便如此，由于《禹贡》位列经书的地位，"岷江源头论"仍然盛行。

徐霞客的质疑　明代末期，终于有人向《禹贡》旧说提出了公开质疑，这个人就是著名的地理学家、旅行家徐霞客。他到过金沙江，也到过岷江，通过对两者的比较及与黄河的比较，写下了著名的《江源考》。在文中，徐霞客首先针对黄河"河流如带，其阔不及江三之一"，而其源却出于距传统所说之江源岷山的西北万余里之处，即河源远远长于江源的疑点提出疑问。进而又比较岷江与金沙江，说："余按岷江经

江源的最终发现凝聚了悠长岁月里无数人的心血。

成都至叙（即今宜宾），不及千里，金沙江经丽江、云南乌蒙至叙，共二千余里，岂其源独与河异乎？"最后，他扬声一呼："岷流入江，而未始为江源，正如渭流入河，而未始为河源也……推江源者，必当以金沙江为首。"

冰川融水成江源

清代，人们对于江源的认识较之前代愈加明确了。康熙年间根据实测资料绘制的《康熙内府舆图》，绘出了通天河和木鲁乌苏河，并指出木鲁乌苏河为通天河最远的一源。另外，齐召南在其《江道论》中较为全面地描述了尕尔曲、沱沱河、当曲、冬曲和楚玛尔河。至此，长江最上源河流的情况已基本清楚，只是还没有进一步分出到底哪一条为主源。

1976年夏天，中国江源考察队仔细探察江源的地形和水系，根据实地考察的资料，确定了沱沱河为长江正源，而海拔6621米的唐古拉山主峰各拉丹冬雪山西南的姜根迪如冰川为长江的发源地。这次考察还重新量算了长江的长度为6300千米，从此长江取代了密西西比河，成

长江源头之水流至囊极巴陇附近，与从右岸切入的当曲汇合，始称通天河。

了世界上第三大的河流。1978年夏天，有关专家对江源进行了第二次考察，并对江源诸河的长度进行了重新量算，得出了"长江三源说"：沱沱河为正源，当曲为南源，楚玛尔

长江源头流水往北穿过古冰川槽谷，出唐古拉山区与切苏美曲汇合后，称沱沱河。

河可称北源。1986年，长江科学考察漂流探险队对江源进行了又一次考察，主张当曲应为长江正源，因为他们认为，当曲在长度、水量、流域面积三方面均超过沱沱河。

到底孰为长江正源呢？客观地讲，鉴于沱沱河源

头高程超过雪线，本来可形成河流的谷地变成了冰川谷地，而冰川内部包括上段积累区和下段冰舌消融区，均有季节性水流存在，故进行河长比较时，应把冰川长度计入，因此沱沱河和当曲的河道长度是基本相当的（包括冰川，沱沱河长度为358.1千米，当曲为357.1千米）。同时沱沱河与其下游通天河的走向较当曲顺直一致，其河谷长度也较当曲长，沱沱河源头与长江口的直线距离明显大于当曲，所以应当以沱沱河为长江正源。

长江的源头终于找到了。如果你有感于江源探寻的不易，那么就请听一听源头的潺潺流水声吧！那里面，流淌着历代江源探寻者的匆匆足音……

长江第一湾·宝山石头城

非常金沙江

站在高山之巅，极目远眺，高山耸立，满目苍翠。俯瞰山脚，但见一条玉带环绕于群山之中，那便是金沙江了。这条低调的大河，此刻正拖着庞大而笨重的身躯，义无反顾地朝着大海艰难前进……

金沙江发源于青海境内唐古拉山脉的各拉丹冬雪山北麓，是西藏和四川的界河。它在西藏江达县和四川石渠县交界处进入昌都地区边界，经江达、贡觉和芒康等县东部边缘，至巴塘县中心线附近入云南，然后在云南丽江折向东流，为长江上游。

金沙江在巴塘河口由上源通天河进入川藏之间的山原地带时，先是隐没，然后震怒，因为群山的桎梏使它变得狂放不羁，即使粉身碎骨也在所不惜地奔行、寻觅，在深山峡谷中一波三折、蜿蜒而去，呼啸在悬崖陡壁之间。

横断山脉北高南低，急促倾斜，金沙江在其间仅650千米的距离内下跌了1400米之多。

长江第一湾

万里长江从"世界屋脊"青藏高原上奔腾而下，在巴塘县城境内进入云南，与澜沧江、怒江一起在横断山脉的高山深谷中穿行。长江由滇西北进入云南后，在中甸县的沙松碧村，突然来了个100多度的急转弯，转向东北，形成了罕见的V字形大弯，从原来的由北往南前进，掉头折向东北。人们称这一天下奇观为"长江第一湾"。

关于长江第一湾，纳西族有一个民间传说：金沙江是一位聪慧、美丽的

除石鼓外，金沙江上著名的大拐弯还有位于四川得荣县和云南德钦县之间的"金沙江第一湾"。

金沙江沿江两岸地貌陡峻而深切，下游地段遍布峡谷，流程艰险。

姑娘。有一次，怒江、澜沧江和金沙江三姐妹一起出去游玩，途中发生了争执。大姐怒江、二姐澜沧江固执地往南走了，金沙江姑娘却要到太阳升起的东方去寻找光明和爱情。于是在来到石鼓时，她便

金沙江是不同寻常的江，它总是弯来折去，折去弯来。

毅然转身往东走去，这就是长江第一湾的由来。

宝山石头城

宝山石头城位于玉龙雪山东北面的金沙江峡谷中。整座城建在一块独立的蘑菇状岩石上，四壁陡峭，势如刀削。从山梁上看宝山石头城，它全然是一个巨大的石头，耸立于金沙江峡谷的陡峭山坡上。雄峙四周，东面是滚滚的金沙江，北方是雄险的太子关，西边是逶迤的牦牛岭，南侧是岩石渡绝壁。因为巨石的独特地理优势，形势险要，兼备攻守，所以古代纳西族先民选择了它。沿石城南面小道，拾级而上进入石城。城里的民居群落全部随岩就势，有的凿石为灶，有的凿石成缸，有的凿石成床，可谓巧夺天工，令人叹为观止。

古老的金沙江，宛若一条吞云吐雾的巨龙，在崇山峻岭间蜿蜒奔腾，勇往直前……

李冰都江堰水利工程

丰饶岷江

可以这样说，如果没有岷江，就没有泽被千古的都江堰，也就没有物产丰饶、水旱从人的成都平原，没有以三星堆为中心的长江上游奇异瑰丽的远古文明，更不会有成都平原繁荣富庶的今天。

2000多年来，都江堰一直发挥着分洪减灾和灌溉的作用。

岷江在古代又称"汶江"、"导江"、"都江"、"蜀江"，以"岷山导江"而得名。岷江干流长735千米，流域面积13.5万平方千米，是长江上游水量最大的一条支流。岷江有两个源头：东源起于弓杠岭南麓的板隆沟，为流经川主寺（漳腊）的漳金河；西源起于郎架岭，为流经黄胜关的羊洞河。两河在松潘元坝乡虹桥关汇合，成为岷江的主源头。

都江堰

岷江贯穿成都平原。在都江堰修筑前，岷江是一条祸河，水灾、旱灾频繁发生，成都平原的粮食产量很少。都江堰建成后，岷江一跃成为巴蜀的重要河流。

都江堰是我国古代著名的水利工程，位于四川都江堰市城西。都江堰建于公元前3世纪，是战国时期秦国蜀郡太守李冰及其子率众修建而成的，是全世界迄今为止年代最久、唯一留存、以无坝引水为特征的宏大水利工程。

公元前256年，时任秦国蜀郡太守的李冰奉命主持修建规模浩大的都江堰。李冰父子首先召集了许多有治水经

1974年，在修建外江节制闸时，人们从河床中挖出李冰石刻像。

验的农民，对地形和水情做了实地勘察，最后决定凿穿玉垒山，引导岷江水。人们历尽艰辛，终于在玉垒山凿出了一个山口。此山口宽20米，高40米，长80米，因形状酷似瓶口，故取名"宝瓶口"，人们把开凿玉垒山分离的石堆叫"离堆"。

但宝瓶口引水工程完成后，因江东地势较高，江水难以流入宝瓶口，李冰父子又率领人们在离玉垒山不远的岷江上游和江心筑起一座分水堰，把岷江水分隔成了外江和内江，外江改称为金马河，起排洪作用；内江则通过宝瓶口流入成都平原，起灌溉作用。

为了加强都江堰的分洪减灾作用，李冰又率人在分水堰与离堆之间修建了一条溢洪道，取名飞沙堰。飞沙堰前修有弯道，江水形成环流，江水超过堰顶时，洪水中夹带的泥石就会流入外江，这样便不会淤塞内江和宝瓶口水道。为了观测和控制内江水量，李冰又命人雕刻了三个石人像，置于水中，以"枯水不淹足，洪水不过肩"来确定水位。

都江堰的建成，科学地解决了江水自动分流、自动排沙、控制水流量等问题，消除了水患。它把岷江一分为二，内江通过都江堰灌区内的55条干渠、536条支渠，浇灌着从成都平原到川中丘陵上的土地，并承载着这一广袤土地上的工业用水和生活用水。

都江堰建成后，川西平原成了秦国的一大粮仓。除了发展农业生产外，李冰还在蜀地凿盐井、开矿山、发展冶铁业和丝织业，使巴蜀地区的经济得到了全面发展。可以说，都江堰的兴建促进了巴蜀地区经济的全面繁荣，而这又为秦国统一中国奠定了雄厚的物质基础。

安澜索桥建于都江堰岷江上，全长500余米，是我国西南山区常见的传统悬桥形式。

都江堰主要由鱼嘴分水堤、飞沙堰溢洪道和宝瓶口引水口三部分组成。图为都江堰岷江入水口。

最美的岩溶峰林峰丛地貌

漓江山水

云中的神呵，雾中的仙，神姿仙态桂林的山！情一样深呵，梦一样美，如情似梦漓江的水！是梦境呵，是仙境？此时身在独秀峰！心是醉呵，还是醒？水迎山接入画屏！——贺敬之《桂林山水歌》

漓江右岸冷水村对面有一座九峰相连的大石山，即为画山。石壁青绿黄白、粗密有致，依稀可见九匹骏马。

在 我国的南疆，有一片神奇的土地，这里的山奇秀多姿，嶙峋突兀，这里的水清秀美丽，蜿蜒山间……这就是广西的漓江山水。

漓江属于珠江水系，位于华南广西壮族自治区东部，发源于兴安县的猫儿山，猫儿山被誉为"华南第一峰"，是一个生态环境极佳的地方。从猫儿山下来，漓江每流经不同的地方，当地的人们便会赋予她不同的称呼，如六峒河、溶江等。由桂林至阳朔的漓江，在万千峰峦之间穿梭，可谓奇峰夹岸，碧水萦回。

漓江是世界上风光最秀丽的河流之一，这里的山，平

从桂林乘舟至阳朔，约4小时的漓江水程里，风光无限。

地拔起，千姿百态；漓江的水，蜿蜒曲折，明洁如镜；山多有洞，洞幽景奇；洞中怪石，鬼斧神工，琳琅满目。于是，"山青、水秀、洞奇、石美"成为桂林"四绝"，自古就享有"桂林山水甲天下"的赞誉。美国前总统尼克松在游览过桂林后说："我周游了80多个国家的100多个名城，没有一个比得上桂林美丽，也没有一个名城的山水比得上阳朔山水。"

漓江两岸的奇山异峰属于典型的岩溶地貌，即喀斯特地貌。漓江山水景观是所有的岩溶地貌类型中发育最充分、美学观赏价值最高的一种。

唐代文豪韩愈观漓江山水后，曾写下名句"江作青罗带，山如碧玉簪"。

岩溶峰林、峰丛地貌

桂林市城区面积达565平方千米，岩溶地貌分布面积超过了96%。漓江桂林最具特色的山就是那些平地而起的石峰群。高耸的石灰岩山峰宛如雨后春笋，分散或成群地出现在平地上，远望如林。它是热带岩溶的典型地貌形态，以中国华南最为发育，属于广义峰林的范畴。岩溶峰林形成于高温、高湿的气候条件下，分布于年平均温度20℃和年降水量1500毫米以上的地区。峰林则分布在区域性地壳运动轻微上升的地区。

独秀峰位于桂林市中心的古王城里，是典型的岩溶峰林。

独秀峰是由3.5亿年前浅海生物化学沉积的石灰岩组成的，主要有三组几乎垂直的裂隙切割，通过雨水的侵蚀作用，不断溶蚀、崩塌，形成旁无坡阜的孤峰。独秀峰巍然屹立，端庄雄伟，享有"南天一柱"之誉。晨熹中或夕阳下，披上太阳光辉的独秀峰，俨然一位紫袍玉带的王者，故又被称为"紫金山"。

此外，颇负盛名的象鼻山也是典型的岩溶峰林地貌。象鼻山位于市内桃花江与漓江汇流处，由3.6亿年前海底沉积的石灰岩构成。其山形酷似一头巨象伸长了鼻子在临江汲水，故此得名。由山西侧拾级而上，可达象背。山上有象眼岩，左右对

象鼻山是漓江山水的象征，山形酷似一头伸鼻饮水的巨象。

桂林的山，平地奇峰，拔起峭峻，山色青黛，宛如碧玉。

绵不断，奇峰围峦映带，是漓江风光的精华所在。主要景点有望夫石、草坪帷幕、冠岩幽府、半边渡、鲤鱼挂壁、童子拜观音、八仙过江、九马画山等，这些共同构成了典型的峰丛地貌。

漓江之美，不仅仅在于其山青、水秀、洞奇、石美，且多深潭、险滩、流泉、飞瀑等胜景，且在不同的季节、不同的天气条件下，漓江都别具韵味。晴天的漓江，青峰倒映，碧水蓝天，美不胜收；烟雨天的漓江，却是细雨如纱，淅淅沥沥，云雾缭绕，人置身其中，恍若来到了仙宫，如入梦境。

穿，酷似大象的一对眼睛。

象鼻与象身之间的大洞，便是著名的水月洞，该洞高1米，深2米，形似半月，洞映入水，恰如满月，到了夜间明月初升，便形成了"象山水月"的奇观。宋代有诗云："水底有明月，水上明月浮。水流月不去，月去水还流。"

象鼻山上有历代石刻文物50余件，多刻在水月洞内外的崖壁上。山顶矗立着一座古老的砖塔。远看像插在象背上的一把剑柄，又像一个古雅的宝瓶，故有"剑柄塔"、"宝瓶塔"之称。此塔建于明代，高13米，雕有普贤菩萨像，因名"普贤

塔"。象鼻山景色优美，早已成为桂林山水的象征和桂林城的标志。

岩溶峰丛是一种复合地貌，上部是高耸的典型的峰林形态，下部为彼此相连的基岩山地，峰间形成U字形垭口，峰丛的坡度一般为30°～60°，相对高度可达到300～600米。峰丛多分布在地壳运动比较强烈的地区，峰丛区的地下水埋藏较深，地下水系发育，流域面积较大。

黄牛峡是漓江的峡谷区，西岸有一排长约2000米的由水流侵蚀而成的陡崖，陡崖或高或低，似蝙蝠展翅。黄牛峡至水落村一段，夹岸石山连

自唐以来，文人名士在桂林留下大量诗文作品，现存石刻多达2000余件。

广西乐业县的"莲花洞"中有莲花盆，是极为罕见的地质沉积形态。

[第四章]

Part4

峡谷沟壑篇

　　峡是两山夹水的地方；谷，两山或两块高地中间的狭长而有口的地带。中国山川浩大，峡谷沟壑也多如牛毛。雅鲁藏布大峡谷以平均5000米以上的深度、80～200米的谷底宽度和约496.3千米的长度，名列世界第一大峡谷；四百里长江三峡，无峰不雄，无滩不险，我们的祖先曾从这里迈开她初始的步伐进入文明社会，而今，世界上最大的水利工程正在这里把"高峡出平湖"的蓝图变为现实。

地球上最后的秘境

雅鲁藏布大峡谷

雅鲁藏布大峡谷地区水资源极其丰富，是我国乃至世界上最大的水能富矿。

雅鲁藏布大峡谷集两项"世界纪录"于一身：一是其核心峡谷河段，平均深切度达5000米，最深处达5382米，而著名的美国科罗拉多大峡谷才深2000米左右；二是峡谷长约496.3千米，为世界之最。

西藏自治区

雅鲁藏布江上游静静地盘踞在"世界屋脊"——青藏高原之上。

雅鲁藏布江是世界海拔最高的大河，流域平均海拔约4000米以上，呈东西向狭长形，面积24万平方千米。它发源于喜马拉雅山脉北麓的杰马央宗冰川。雅鲁藏布江自西向东横贯西藏南部，流经米林后进入下游，穿过喜马拉雅山东端的山地屏障，猛折成南北向，于巴昔卡出境后流入印度，改称布拉马普特拉河，又流经孟加拉国与恒河相汇，最后由孟加拉湾注入印度洋。其中，河源至里孜为上游段，长268千米，里孜以下方称雅鲁藏布江；里孜至派乡为中游段，长1293千米；派乡以下至流出国境处为下游段，长496千米。

雅鲁藏布江中游汇集了众多的支流，水量充沛，江宽水深。

雅鲁藏布大峡谷

雅鲁藏布江在派乡至墨脱约212千米河段形成马蹄形大拐弯，在河道拐弯的顶部内外两侧，各有海拔超过7000米的南迦巴瓦峰与加拉白垒峰遥相对峙，形成高山峡谷地带。这就是闻名于世的雅鲁藏布大峡谷。走进雅鲁藏布大峡谷，我们就如同进入了远离尘世的神秘世界，这里有无边的神秘、无尽的惊险、无数的奇观……

地质构造

大峡谷地处强烈的地壳活动中心，是适应构造发育的构造弯、构造谷。其所在地区正是印度板块向欧亚板块俯冲碰撞的中心地带，东侧又受到太平洋板块的抵挡，因此大峡谷随构造转折拐弯。目前已在峡谷中发现多处来自地壳深处的基性、超基性岩体，证明板块缝合线构造的确存在。地质资料显示，大峡谷内侧的南迦巴瓦峰出露的中深度变质岩系，经铷锶等时线法测定，其绝对年龄值为7.49亿年，这是迄今为止所测得的我国喜马拉雅山一侧地层的最老年龄值，相当于前寒武纪，与古老的印度地台地质年龄值相仿，它表明地质上这里是古老印度块北伸的一部分。另据古地磁测量研究，在中生代白垩纪，南迦巴瓦峰的位置相当于现今的北纬13°左右的地方。显然，南迦巴瓦峰地区作为印度板块的一部分，随着陆地的漂移已北伸了近15个纬度。大峡谷地区以上升为主的地壳活动极为强烈，地震活动频繁。这一切都说明大峡谷地区是地壳能量集中释放、构造活动强烈的中心，以南迦巴瓦峰为中心的强烈隆升和大峡谷适应构造的深切围绕，形成了大峡谷地区奇异的自然景观。

水汽通道

大峡谷是青藏高原最大的水汽通道。所谓水汽通道，通俗地讲，即大峡谷凿开了喜马拉雅山脉和青藏高

秋天的雅鲁藏布江景色迷人，是名副其实的"西藏的江南"。

大峡谷是青藏高原最大的水汽通道。强大的水汽通道影响了这里的气候。

雪山，葱茏林海舞银蛇"来形容大峡谷地区变幻神奇的无限风光。从南迦巴瓦峰峰顶到墨脱背崩河谷仅50余千米，仅需3天的路程，人们就能经历仿佛从极地到赤道那样难忘而深刻的感受。

大峡谷环境洁净，是一块绿色宝地。其内侧的墨脱地区是高原上有名的与外界隔绝的"孤岛"，峡谷核心段为无人区，没有工业污染，基本保持着原始的自然景观和生态环境。这里水质优良，土壤中元素含量保持着原始基质，大气洁净，生物有机氯化合物残留甚微。大峡谷地区还生活着中国最后的猎人。腰插易贡短刀、手牵波密猎犬的门巴人依然生活在刀耕火种的时代，溜索、独木桥是这里

原的地形屏障，使南来的印度洋暖湿气流沿此通道深入大峡谷地区。大峡谷地区的大气物理测试和分析表明，沿大峡谷源源输入的印度洋暖气流量，竟与夏季自长江流域以南向长江以北的水汽输送量相近。水汽通道使大峡谷地区雨季来得更早，一般比同纬度其他地区早1~2个月；由通道涌进的巨量水分和热量，使大峡谷地区成为我国雨量最丰沛的地区之一；大峡谷热带山地气候带和自然带的分布，因大峡谷通道自南而北强大的水汽输送，达到了北半球水平分布的最北界和垂直分布的最高限，即北纬29°30′，海拔2000米左右。在北半球，热带气候带和自然带的分布

平均在北纬23°30′，海拔1000米以下。然而，强大的水汽通道将这里的热带山地环境向北推进了6个纬度之多，大峡谷地区因此而成为名副其实的"西藏的江南"。

自然景观

大峡谷浓缩了诸多自然景观。大峡谷地区高山林立，发育着全世界仅有的珍稀冰川类型——季风型海洋性冰川。令人称绝的是，这里的山谷冰川竟游弋在绿色的原始森林之中！难怪人们常用"菜花金黄映

杰马央宗冰川是雅鲁藏布江的正源，海拔5590米。

最先进的交通设施。

水能资源

大峡谷地区蕴藏着极其丰富的自然资源。这里是世界上水能资源最为富集的地方。从派乡到巴昔卡496.3千米的下游河段，河流水面高程从2910米降至155米，天然落差2755米，平均坡降5.5‰，其落差之大雄居世界各大河流的首位。特别是从派乡至墨脱212千米的河段，两地直线距离不过40千米。水面高差却接近2230米，平均坡降2.5‰，加上

派乡附近多年平均流量为1900立方米/秒，从而使这里成了世界上水能资源最丰富、最集中的地区。据计算，大峡谷天然水能蕴藏量高达6880余万千瓦，在这里可以兴建装机容量4000万千瓦的水电站。该水电站一旦建成，必将成为世界上装机容量最大的超巨型水电站。

作为"地球上最后的秘境"，雅鲁藏布大峡谷还有很多人类未知的领域有待探秘；而在开发、利用雅鲁藏布大峡谷资源的过程中，切实保护这里原始

自然的生态环境，尤为迫切与重要。

雅鲁藏布大峡谷的两岸居住着古老的门巴族人。

雅鲁藏布江以米林县为起点，渐变为东北走向，并猛切向喜马拉雅山东端。

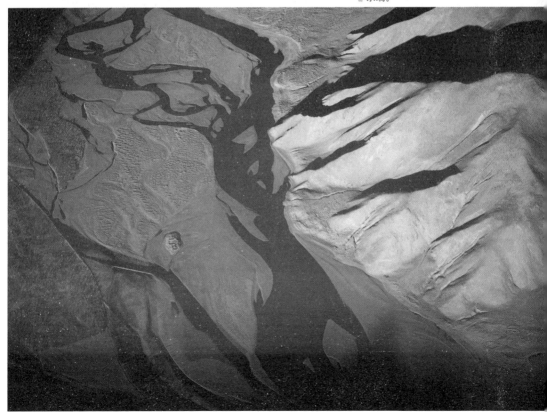

地质演变·百年论争·文物保护

壮美三峡

瞿塘峡、巫峡和西陵峡，四百里的险峻通道和三个动听的名字，容纳了无尽的旖旎风光。那些诗意的幻想，激情的潜藏，全都浓缩在对自然美的朝觐之中。它，是自然的畅想，是美学的激荡，是文明的叠影，也是心灵的皈依。

一支竹篙撑过三峡的湍流，也划过千年的华章。

长江流至四川宜宾后，经重庆到湖北宜昌这一段称为"川江"，是历史上巴蜀通往中国东部唯一的水上通道。川江下游江水穿越我国二级阶梯巫山山脉，形成了长江上最摄人心魄的瞿塘峡、巫峡和西陵峡三大峡谷。三峡所在的川江及南北支流地区，因其独特的历史发展背景，形成了深厚的多元历史文化积淀，包括长阳古人类文化、巴文化、楚文化、秦汉以后的辞赋碑帖文化、建筑文化、军事文化、宗教文化和独特的民族民俗文化等，保存了无数珍贵的文化遗产和人文旅游资源。

巫山巫峡气萧森。巫峡以"秀"著称，人们常说"巫山十二峰"，其实山峰何止千百？这里是三峡最幽深奇峭、如梦如幻的一段。

地质演变

三峡西起重庆市奉节县白帝城，东到湖北省宜昌市南津关，全长约208千米，包括瞿塘峡、巫峡和西陵峡三段峡谷。其中瞿塘峡全长约8千米，在三峡中最短也最为险峻。巫峡全长约46千米，是三峡中最长的一段完整峡谷，又被称为"大峡"。西陵峡全长约75千米，为两段峡谷构成。整个"三峡"江段是由四道峡谷段和三道宽谷段交错相间组成。

三峡有峡谷与宽谷之分，这和峡江经过地区的

岩性有关。峡谷多在石灰岩地区，其地岩层质地坚硬，抗蚀力较强，因而河流对两岸的侵蚀能力较弱，但垂直裂隙（指在岩层中由于地质作用而产生的裂缝）比较发育，河流

西陵峡东起香溪口，西至南津关，是长江三峡中最长的一个。

便趁隙而入，集中力量向底部侵蚀。随着河床逐渐加深，两岸坡谷的岩层失去了平衡，沿着垂直裂隙崩落江中，形成悬崖峭壁。而当河流流经比较松软、抗蚀力也较差的砂岩和页岩等地区时，河流向两旁的侵蚀作用加强，便形成了宽谷。所以，在峡江地段一进石灰岩地区峡深谷窄，一出石灰岩地区便豁然开朗。

三峡十道九曲，暗礁甚多，船只无不谨慎缓行。

百年论争

1919年，孙中山先生在《建国方略之二——实业计划》中谈及对长江上游水路的改良，最早提出了建设三峡工程的设想。1932年，国民政府建设委员会派出的一支水力发电勘测队在三峡进行勘查和测量后，拟定了葛洲坝、黄陵庙修建两处堤坝的方案。

1944年，美国水电工程专家萨凡奇博士应民国政府之邀，经过实地勘察后，主持完成了第一份旨在建议修建三峡水库大坝的"萨凡奇

计划"。1945年，国民政府中止了三峡水力发电计划的实施，三峡工程就此被搁置起来。

1954年汛期，长江流域发生了20世纪以来的最大洪水，治理长江成为首要而紧迫的任务。1955年起，在中共中央、国务院领导下，有关部门和各方面人士通力合

建造这座比胡夫金字塔还要高出40多米的三峡大坝，预计需时17年。

作，全面开展长江流域规划和三峡工程勘测、科研、设计与论证工作。

1970年，中央决定先建作为三峡总体工程一部分的葛洲坝工程。当年12月，葛洲坝水利工程开工。

1986年6月，水利部成立的14个专家组开始了长达两年零八个月的论证。1989年，长江流域规划办公室重新编制了《长江三峡水利枢纽可行性研究报告》，认为建比不建好，早建比晚建有利。报告推荐的建设方案是："一级开发，一次建成，分期蓄水，连续移民。"1989年年底，葛洲坝

工程全面竣工。

1992年4月3日，七届全国人大第五次会议将兴建三峡工程列入国民经济和社会发展十年规划。1993年1月，国务院三峡工程建设委员会成立。1994年12月，三峡工程终于正式开工。

三峡工程从最初的设想、勘察、规划、论证到正式开工，共经历了90余年，凝结了无数人的心血。

三峡地区的文物保护

据专家测定，三峡水利工程二期蓄水后，海拔135米水位以下的库区陆地将全部淹没于水下，文物保护工作

石宝寨建在拔地而起的孤峰上，依山而筑9层楼阁。

迫在眉睫。为此，三峡库区内启动了建国以来最大的文物保护工程，受到了世人的关注。

白鹤梁水文题刻　白鹤梁题刻位于三峡库区上游涪陵城北的长江中，是三峡文物景观中唯一的全国重点文物保护单位值。白鹤梁上的题刻中，与水文科学有关的达108件，故有"世界水下碑林"的美誉。据估计，三峡水库运行20年后，白鹤梁将被埋在淤沙之下。

2001年，中国工程院院士葛修润为白鹤梁题刻制订了建造水下博物馆的保护方案。该方案的核心是利用工程压力原理，在白鹤梁题刻比较集中的中段东头80米左右的上面，修建一个内外都有水的无压力保护壳体，将江水经过一种过滤装置过滤后再注入保护壳体内。游客从岸边的两条水下通道进去，可透过水下通道的参观窗观赏题刻。

石宝寨　石宝寨位于重庆忠县长江北岸，始建于明万历年间，人们借助架石壁上的铁索，在临江的玉印山山顶建起了一座寺庙。清康熙年间，能工巧匠又依山建起了一座塔楼。石宝寨塔楼倚山而建，造型奇特。整个建筑全部由千年古木建成，且采用穿斗结构，全部建筑未用一颗铁钉，被誉为"世界八大奇异建筑之一"。

三峡大坝蓄水后，玉印山极有可能在江水的浸泡下发生剧烈变形，并危及寨楼等古建筑。保护石宝寨的设计思路是对山体实施迎墙护坡加固，同时修筑围堤阻挡库水对玉印山的直接浸泡。

张飞庙　张飞庙是张桓侯庙的俗称，位于云阳县城长江南岸飞凤山山麓。该庙始建于唐代，之后各朝代均有修葺和扩建。张飞庙是一座书画艺术的宝库，庙内存有远自汉唐，近到明清的各类书画珍品。待三峡水库蓄水达175米后，张飞庙将被淹没。三峡工程将张飞庙与云阳县城一起向上游搬迁，新址选择在长江南岸的盘石镇附近的山坡上，而这里的自然环境与张飞庙原址非常接近。

童话世界·水的天堂

人间仙境九寨沟

在九寨沟，水为石之魂，石为水之骨。水流石上，树生水中，那种动、静、刚、柔交融的妩媚意态几乎让人无法呼吸。善利万物的水不争、不怒、无忧、无郁。原来，天下一切美好的事物，真的都是水做的。

九寨沟位于四川西北部的阿坝藏族羌族自治州九寨沟县境内，地处岷山山脉南段尕尔纳峰北麓，因沟内有9个藏族村寨而得名。九寨沟是一条纵深40余千米的山沟谷地，集湖、瀑、滩、流、雪峰、森林为一体，因其独有的景观、丰富的资源，被誉为"人间仙境"。

在所有的季节里，九寨之水都是天堂之水。

九寨堰塞湖

大自然在九寨沟布下了108个奇特的湖泊,由飞瀑、溪流把它们串联在一起。这些湖泊的形成大多数缘于水中所含的碳酸钙质。在远古时代,当地球处于极冷的间冰期、小冰期阶段时,水中的碳酸钙质不能凝结,只好随水漂流。到距今12000多年前,地球气候变暖后,流水中的碳酸钙才活跃起来。它们一遇障碍物就

附着其上,越积越多,也越积越高,便形成了现在人们在九寨沟见到的、由一条条乳白色的钙质堤埂蓄水而成的"海子"(当地人习惯称湖泊为"海子"),在地质学上称之为"堰塞湖"。九寨沟的山水大致形成于第四纪古冰川时期,现保存有大量第四纪古冰川遗迹。由于富含碳酸钙质,湖底、湖堤、湖畔均可见乳白色碳酸钙形成的结晶体;而来自雪山、森林的活水泉又异常洁净,加之梯状的湖泊层层过滤,其水色愈加透明。可谓水乳交融,美不胜收。

树正沟

树正沟是九寨沟秀丽风景的大门,全长13.8千米,共有各种海子(湖泊)40余个,约占九寨沟景区全部湖泊的40%。40多个湖泊,犹如40多面晶莹的宝镜,顺沟叠延五六千米,芦苇海、火花海、双龙海、卧龙海、树正瀑布、水晶宫……一路惊奇,一路美景,一路碧水,一路瑶池。

卧龙海海拔2215米,深22米,面积61838平方米。透过波平如镜的水面,一条乳白色钙华长堤横卧湖心,宛若一条蛟龙

卧龙海远看阔水茫茫,近看积水空明。风逐水波,那"龙"似乎呼之欲出。

五彩池池水蔚蓝宝绿,明澈透亮;池底砾石棱角、树根水草,一一分明。

潜游海底。微风掠过,涟漪轻漾,龙体徐徐蠕动,鳞甲幽幽,闪烁不定;山风乍起,湖水泛波,卧龙摇头摆尾,欲腾,欲跃,欲飞;疾风过处,波光迷离,龙影顿时消匿。真是神秘莫测,令人惊叹。

火花海海拔2187米,深9米,面积36352平方米,水色湛蓝,波光粼粼。每当晨雾初散,阳光

照耀，水面似有朵朵火花燃烧，星星点点，跳跃闪动。

树正瀑布位于树正沟内，下临树正群海，上接老虎海，海拔2295米，高25米，瀑顶宽72米。瀑水被水中树丛分成无数水束从湖面直泻而下，又被凸起的环形梯状钙华阻拦，形成了状似巨形莲瓣的若干瀑面，远视如一朵天海中的睡莲，十分壮观。

树正群海大小海子19个，逶迤相衔长达5000米，高差100余米，构成梯状湖群。灰黄色的钙华湖堤，精巧别致，长满了柳、柏、松、杉。上部海子的水翻越湖堤从树丛中溢出，激起白色的水花在青翠中跳跳蹦蹦，穿梭奔窜。水流顺堤跌宕，形成

幅幅水帘，婉约变幻。整个群海层次分明，色调绿中套蓝，如童话般天真自然。

树正沟的最末端是气势如虹的诺日朗瀑布，海拔2365米，瀑宽270米，高24.5米，是中国大型钙华瀑布之一，也是中国最宽的瀑布。诺日朗瀑布宽阔浩大，滚滚流瀑磅礴大气地翻越海拔2365米的钙华堤埂，飞泻而下，千万颗水珠织成一道宽银幕，朝阳照射，彩虹幻出，分外迷人。

则查洼沟

从诺日朗瀑布再往南，九寨沟分为两路。向正南方向纵深而去是则查洼沟，沟长17.8千米，途

树正瀑布由首尾相接的众多梯湖飞瀑组成，水大势猛，勾连回环，下泻深沟，吼声如雷。

经季节海、五彩池，最后到达海拔3100米的长海。

季节海秋日水丰，湖色湛蓝；夏日水浅，湖色翠绿；初冬过后，湖水干涸；春季遍布青草，成了天然的放牧草滩。季节海因湖水随季节变化时盈时

镜海呈狭长形，海边谷坡陡峭，森林密集，林带色彩四季变化，层次丰富。

涸，故名。

五彩池是九寨沟湖泊中的精华，湖里生长着水绵、轮藻、小蕨等水生

五彩池是九寨沟色彩变化最丰富的海子之一。

植物群落，同时还生长芦苇、节节草、水灯芯等草本植物。这些水生群落所含叶绿素深浅不同，在富含碳酸钙质的湖水里，能呈现不同的颜色。

长海是九寨沟所有湖泊中最大、最深、最高的，南北长约8000米，东西宽约4400米，面积200万平方米，海拔3000米以上。它没有出水口，排水靠蒸发和地下渗透。夏秋即使遭遇暴雨，水也不溢堤，冬春久旱无雨，水亦不干涸。藏胞赞美它是"装不满、漏不干的宝葫芦"。

长海景色格外迷人：水中琉璃世界，在春日倒映出百花簇拥的雪山；斑斓金秋则映衬着层峦叠嶂的黄栌红枫；隆冬一到，四山琼花玉树，迷漫一色，令人叹为观止。

日则沟

从诺日朗瀑布向西南方行进就是日则沟。这一路景点密集，好戏连台，激动人心的景观有镜海、珍珠滩、五花海等。越过日则保护站，再越过海拔2905米的天鹅海、芳草海，跋涉到绝壁千仞的剑岩，日则沟16千米的山路便到了尽头。

五花海的水清亮见底，有的地方透明度竟达30米。

每当晨曦初露或朝霞吐辉之时，镜海碧波一平如镜，蓝天、白云、远山、近树，尽纳湖底。水中镜相清晰，有"鱼在天上游，鸟在水底飞"的奇幻景观。

当人们从山上俯视三面环山、呈葫芦状的五花海时，会发现它像一个倒放的彩色大葫芦，向山下倾注着永不止息的彩色水。五花海海拔2472米，深5米。在同一水域中，呈现出鹅黄、墨绿、深蓝、藏青等色，斑驳迷离，色彩缤纷。

九寨沟奇山异水，林水相亲，是一处迷人的仙境，是一篇悠远的童话！难怪

九寨归来不看水。九寨沟水、湖、泉、瀑、滩连缀一体，灵动异常。

乎，这里成为全国唯一一个拥有"世界自然遗产"和"世界生物圈保护区"两项国际桂冠的胜地。

死亡之谷大揭秘
恐怖黑竹沟

在四川省峨边彝族自治县境内的小凉山区的林海深处，藏着一个神秘的黑竹沟。黑竹沟是一片莽莽苍苍的原始森林，物种珍稀，景观独特而神奇。然而就是这样一个地方，却被称为"中国百慕大"，这究竟是为什么呢？

小凉山山区的公路很是险峻，黑竹沟就深藏在小凉山的中段，因少有人踏足而显得越发神秘。

黑竹沟位于小凉山中段的密林深处，当地人称其为"斯豁"，意即死亡之谷。"黑竹沟"是汉人为这里取的名。由于黑竹沟藏有不少未解之"谜"，当地人把黑竹沟称为南林区的"魔鬼三角洲"。

黑竹沟方圆百里，深谷里沟壑纵横交错，森林密布，灌木丛生，野花飘香，纵深处瘴气袭人。珍禽野兽出没林间，奇异的山峰，岩洞比比皆是，沟里时常烟云腾起，雾气缭绕，寂静的山林给人一种莫名的压迫感。黑竹沟地处小凉山北坡，而这里位于北纬30°附近，与世界著名的"百慕大魔鬼三角"、埃及金字塔等一些神秘地带几乎同处"死亡纬度线"上，因此国内外舆论界称这里为"中国百慕大"、"恐怖的死亡之谷"。于是，黑竹沟从一个默默无闻的原始生态区，很快成为世人关注的焦点。

在黑竹沟，传说20世纪50年代曾有彝族同胞发现过野人的踪迹；20世纪80年代也曾发现过翼展达1米多的巨鸟……黑竹沟，至今仍有许多难解之谜。

黑竹沟得天独厚的地理条件孕育了丰富的生物资源。

且黑竹沟内多大大小小的奇瀑深潭，风光无限。黑竹沟内高山众多，能见到云海、佛光等奇异景象。冬季，山体高处积雪覆盖，又能见到千姿百态的雪凇、雾凇、冰挂等冬季景观。

至今为止，能亲临黑竹沟的旅游者甚少，它以其新、奇、险的特点，吸引着为数众多的摄影家、科学家组成的考察队深入其中，探险揭秘。有人说它是"恐怖魔沟"，有人说它是美丽的人间仙境……无论怎么说，黑竹沟仍是一块有争议的处女地。

黑竹沟内箭竹丛生，生态系统保存良好，为大熊猫的栖息、繁衍提供了良好的环境。

黑竹沟有许多珍禽异兽，白腹锦鸡即是其中一种著名的观赏性鸟类。

石门关峡谷

石门关横亘在峡谷中，岩石中数条泉水喷射而出，飞泻而下，白雾升腾。旧时有"进了石门关，不见人生还"的说法，今有"石门关石门关，迷雾暗河伴深潭。獐猴至此愁攀援，英雄难过这一关"的谚语。

石门关是由玄武岩组成的一段长约3000米的峡谷。这里的相对深度达1000～1200米，谷底最窄处仅4～5米，沟内水流湍急，云雾缭绕，当地的人说石门关是一条数百年前的古道，这条古道人迹罕至，白雾茫茫，荆棘密布，艰险难行。

神秘的胜境

黑竹沟背倚四川盆地边缘的马鞍山，北邻大渡河峡谷。该地区山势险要，地质构造复杂，地貌类型多样，保留有角峰、冰斗、刃脊、U形谷等第四纪冰川遗迹，并具有复合漏斗、暗河、深谷、峭壁等喀斯特地貌特征。独特的地貌使许多古老的植物得以幸存下来。另外，黑竹沟内已发现的国家一、二级重点保护的野生动物多达28种。

在沟内海拔2400米以上的山坡上部地带，分布有以"天眼"、"船湖"、"杜鹃池"为代表的10余处高山海子，湖光山色相映成趣，

上虎跳·中虎跳·下虎跳

激越虎跳峡

清朝学者木正源曾作《雪山十二景》一文，其中一景就是"金沙劈流"："金沙江由西域流入丽郡，破雪山而行。两岸壁立，江贯其间，奇险万状。至阿昌谷，从半空坠下，声闻数十里……"此即万里长江第一峡之虎跳峡。

跳峡峡长约17千米，落差达200多米，分上虎跳、中虎跳、下虎跳三段，共18个险滩。江峡南岸的玉龙雪山和哈巴雪山银峰刺天，刀切斧劈般的绝壁悬崖紧紧夹着奔涌咆哮的江流，最大高差达3700多米，江流最窄处仅20米左右，形成了"万仞绝壁万马奔，一线天盖一线江"的旷世奇观。

上虎跳

上虎跳是整个峡谷中最窄的一段。江面从100多米宽一下子收缩到30余米，顺畅的江面顿时变得拥挤不堪，江水冲击在江心如犬牙般参差的礁石上，卷起数米高的巨浪。江心中有一个13米高的巨石——虎跳石，如砥柱般直卧中流，把激流劈为两股。

中虎跳

中虎跳最有特点的景致是满天星和一线天。江水在这段峡谷中下跌了近百米，险滩上乱礁散布，激流在礁石间反复跳跃，如星石陨落江中，当地人称之为满天星。穿行于峡谷腹地，两侧雪山都是最高的主峰段，在

这里回望两头峡口，可见高峰深谷随江流弯曲把蓝天切成一线，令人有一种走至天边的感觉，这就是一线天。

下虎跳

下虎跳以"江水扑崖，倒流急转"为特色，有倒角滩、下虎跳石、上下簸箕等大滩。其中倒角滩长约2.5千米，落差35米，大小跌水20余处，峡谷多呈"之"字形急转弯，使江水直扑岸壁，掀起惊涛骇浪，倒流回来又急转直下，如脱缰野马狂啼远去。

虎跳峡雄险异常，20世纪先后有十几个国家的探险家多次试图漂流，均告失败。1986年9月10日，中

国长江科学考察漂流队一举征服了金沙江虎跳峡全程，完成了"世界上最后的伟大征服"。

金沙江从石鼓突然闯进玉龙和哈巴之间，穿山削岩，锐不可当。

第五章

湖泊篇

有人说，湖泊是大地的眼睛。的确，尽管湖泊有各种形状，但站在高处俯瞰时，它们真的仿佛是充满智慧、生机和灵气的大地之眼。我国是一个湖泊众多的国家，青海湖雄阔、鄱阳湖奇伟、西湖妩媚……千百年来，人们或行吟泽畔，留下难以数计的诗文词赋，或建筑亭台楼榭，使之与湖光山色相映生辉。这些由湖泊而产生的诗文词赋、亭台楼榭、楹联碑刻、逸事传说融合、积淀成我国独特的湖泊文化，与山岳、江河文化一起构成了中国山水文化的主体。

天池怪兽·天池火山

长白山天池

长白山天池风姿绰约，但却是一个由冰雪和火山构成的
"非人"地带：在这个有"中国寒极"之称的地方，火
山地震监测仪记录着大地深处越来越炽热的喘息。难道
天池火山过去300年的休眠时光就要结束？

东北长白山天池，又名龙潭，是由1702年长白山火山
喷发后，火山口积水形成的天然湖泊。它高踞于长
白山主峰白头山之巅，是中朝两国的界湖。天池呈椭圆
形，平均水深204米，中心深处达373米，总蓄水量约20
亿立方米。天池水面海拔2194米，是我国东部地区海拔
最高的湖泊。由于海拔高，加之所处纬度也高，湖水温
度终年较低，冰期也较长，从11月底到翌年6月中旬长达
7个月之久。冬季湖面冰层很厚，可达3米左右。

天池水质洁净透明，一泓明镜似的
碧水滢滢轻漾，美不可言。

天池在满族语中又叫温凉泊、图门泊。"图门"满
语为"万"，是万水之源的意思。

天池怪兽

近百年来，所谓"天池怪兽"一直是长白山天池的一大奇谜，被传得沸沸扬扬、神乎其神，留下了许多悬念。

1962年8月，有人用6倍双筒望远镜发现天池东北角距岸边二三百米的水面上，浮出两个动物的头，它们前后追逐，时而沉入水中，时而浮出水面，一个多小时后潜入水中消失了。那怪物的脑袋有狗头般大小，黑褐色。1976年9月，有二三十人看见一个高约两米、像牛一样大的怪兽伏在天池岸边休息。当众人大喊起来时，被惊动的怪兽走进天池，消失在池中心。1980年8月，有人在天池边看到有5只头大如牛、体形像狗、嘴巴似鸭的动物，高昂着头，挺起雪白的前胸，在距岸边30多米处的水中游玩。人们边喊边开

枪，但都没有打中。怪兽们迅速潜入水中，不见踪影。2004年7月11日，天池出现了前所未有的盛大怪兽"聚会"。在50多分钟的时间里，它们5次冒出水面，有时一头，有时好几头，最多达到20多头。据专家介绍，这么多怪兽同时出现，在100多年的怪兽发现史上还是头一次。

从上个世纪初的地方志记载到近十几年来的游客目击，都说天池有怪兽存在。但是怪兽真的存在吗？从地理角度来分析，长白山天池是世界上最大、最深的火山口湖，形成的时间并不长，不可能有什么史前动物生活在这里。另外，高高的海拔使得天池水温非常低，即使在盛夏时节也只有5℃左右，冬季湖水全部封冻。在这样的环境中，生物很难生存，因此天池一直被认为"自古无生物"，那

么何来怪兽呢？如果说怪兽并不存在，那么众多的目击者看到的又是什么东西呢？

天池火山

2003年10月25日晚上6点多钟，长白山天池火山突然爆发了一次小型地震。虽然整个地震持续了不到5秒钟，却让关注天池火山动态的人们心头一震。

长白山天池火山历史上曾多次喷发，1199～1200年的天池火山大喷发是全球

天池北面有一缺口，湖水外流形成乘槎河，在它的尽头便是长白瀑布。

长白瀑布宛如银河倒挂，云翻雪倾，被誉为"长白山第一胜景"。

近2000年来最大的火山喷发事件之一。长白山的岩层如同地球历史的书页般，记载着长白山是如何被火山的力量不断塑造成今天这般独特的地质和生态景观。在长白山的南岗山脉、长虹岭及影壁山等主峰的底部，我们可以看到质地细腻的玄武岩台地。它们记载了大约2000万年的时间里，长白山地区经历的火山喷发活动：来自地层深处的玄武岩浆沿着地壳中的裂隙不断上涌，以巨大的能量喷出地表，岩浆把原来的岩石及火山灰、水蒸气喷向空中，又降落到火山口周围。玄武岩浆黏度较小，在地表的流动速度较快，流淌的距离较远，形成了广阔的玄武岩

台地。在玄武岩台地构成的基座上，长白山天池火山口湖的周围群峰屹立，其中超过2500米的山峰就有16座，山峰顶部几乎全由5000~8000年前喷发的火山灰和淡黄色的浮岩所覆盖。自1199年大爆发以来，长白山火山又分别于1597年、1668年和1702年有过三次小规模的间歇喷发。

长白山火山监测站是科学家监听火山脉搏的地方。从2002年以来，长白山天池火山处在一个比较活跃的时期，有数次火山地震和微型群震发生。时间持续最长的地震发生在2002年11月，前后长达10多天之久，地震最强烈的是2003年8月和10月的这两次，有3.0级，而震群最

密集的是在2003年11月25日，一天之内发生了160多次微震。火山站还在监测着那些人们不易察觉的现象：比如长白山山体每年长高4厘米。当岩浆囊蠢蠢欲动，积蓄着再次喷发的物质的时候，岩浆囊的活动就像火山在喘息、呼气，山体也随之抬升或者下降。大地深处的运动就这样通过微妙的细节传达给我们。

1991~1998年之间，数位中国科学家进行的电磁探测显示，长白山天池下方15~20千米的地方确实存在着一个巨大的岩浆活跃地带，而且它还不断接受来自地幔层岩浆的补给——这就是那只深藏在

长白山区遍布茂密的森林，古木参天，遮云蔽日，故有"长白山林海"之称。

地下的"困兽"，长白山天池火山确实具有潜在喷发的可能。有的专家甚至认为：长白山天池火山是目前世界最危险的火山之一。在长白山的美丽和宁静之下，地球内部的板块运动一直在持续。由日本岛弧海沟向西俯冲的太平洋板块前沿已经挤入图们江－珲春一带的下方，正在长白山和珲春之间的地下600千米深处不断制造地震——长白山地下的深处，板块的挤压和动荡从来不曾停止。

一直到19世纪，世界上还流行着这样一种说法：地狱是靠近地球中心的某个地方，火山则是通往地狱的入口，火山内部的炽热物质都是来自地狱的火焰。目前在长白山上，8名监测人员正守候在距离天池不到3千米的"地狱"的入口。他们坚持观测了5年，但通过现有的数据还不能立即判断天池火山的活动是一种异常变化，还是一般的正常"呼吸"。要参透天池火山的脾气，还将有一个漫长的过程。因此，在这个过程中，长白山天池火山的每一个活跃期都将继续牵动着中外科学家敏感的神经。

常年冰雪覆盖的长白山大地深处，炽热的岩浆在悄然涌动。

青海湖雄伟、秀丽，被誉为"青海高原上的一颗璀璨明珠"。

中国最大的咸水湖

浓墨重彩青海湖

青海湖，古称"西海"，又称"鲜水"、"鲜海"或"卑禾羌海"，蒙语称"库库诺尔"，藏语称"错温布"，意为"青色的海"、"蓝色的海洋"。汉代也有人称它为"仙海"，从北魏起才更名为"青海"。

青海湖是中国最大的内陆咸水湖泊，地处青海省东北部的盆地内，湖的四周被四座巍巍高山所环拥。青海湖最长处106千米，最宽处63千米，面积达4635平方千米，蓄水量854.45亿立方米，平均水深19.15米，最深处达28.7米，湖面海拔3196米。湖东岸有两个子湖，一名尕海，面积10余平方千米，系咸水；一名耳海，面积约4平方千米，为淡水。青海湖周围是茫茫千里草原，湖滨地势开阔平坦，水源充足，气候温和，是水草丰美的天然牧场。夏秋季的大草原绿草如毯，金黄色的油菜迎风飘香，牧民的帐篷星罗棋布，成群的牛羊飘动如云，充满了诗情画意。

壮丽的鸟岛风光和奇特的水禽生活，吸引了无数人专程前来观光。

形成与变迁

青海湖的形成和变迁是大自然的杰作。早在2亿3千万年以前，青藏高原是一片浩瀚无际的古海洋。200万年前，剧烈的造山运动使得这片古海洋所覆陆地逐渐隆起，一跃成为世界屋脊。海水被逼走时，有的被四周的高山环绕起来，形成了大大小小的湖泊。青海湖就是被山脉堵塞而形成的一个巨大湖泊。当时，它是一个外泄湖，周围有100多条河流注入湖中，同时湖水又从东面注入黄河。距今大约100万年前的第四纪，青海湖东面的日月山强烈隆起，拦截了青海湖的出口，原来从青海湖向东流出的河流，被迫向西流入青海湖，形成了我国罕见的自东向西流的倒淌河。青海湖也成为一个流水只入不出的闭塞湖。但由于青海湖区气候干燥，入湖河流仅40余条，湖水蒸发量大于湖水注入量，因此湖水深度不断下降，湖面也逐渐缩小。

湖心五岛

青海湖中分布着五个美丽的小岛，即海心山、鸟岛、孤插山、海西山、沙岛。海心山高出湖面约70米，面积约1平方千米，岛上自古以产龙驹闻名，因此又名龙驹岛。鸟岛位于青海湖西北隅，状似蝌蚪，面积约0.11平方千米。鸟岛是群鸟聚会之所，数以十万计的各种候鸟年年来此欢度盛夏，成为青海湖的一大奇观绝景。孤插山又名三块石，位于青海湖西南部，由礁石、碎石滩及沙埂组成，东西长约700米，南北宽约150米。海西山又名海西皮，岛的东北缘有新层陡崖紧靠湖边，陡崖外有一近似圆形的岩石屹立于湖中，是鸬鹚的繁殖场所。沙岛位于青海湖东北部，表面均由沙砾覆盖，基本无植被，是鱼鸥的栖息繁殖地。

水天一色的青海湖蔚蓝似海洋，蓝得深湛，蓝得典雅。她具有高原湖泊那种空阔、质朴、沉静的美，是原始的、不事雕琢的自然之美！

夏季，青海湖湖畔有大片的油菜花田地，满山遍野，金黄灿烂。

潟湖形成之因

西湖明珠

西湖，是一首诗，一幅天然图画，一个美丽动人的故事。 阳春三月，莺飞草长。苏白两堤，桃柳夹岸。水波潋滟，山色空濛。此时走在堤上，你会被眼前的景色所惊叹，甚至心醉神驰，怀疑自己是否进入了世外仙境。

花港观鱼位于苏堤南段以西的一块半岛上，因地近花家山而名花港。

俗 语说："上有天堂、下有苏杭"，而杭州之美，美在西湖。西湖三面环山，一面临城，面积5.65平方千米。湖中三岛小瀛洲、湖心亭、阮公墩鼎足而立，就像三颗绿宝石，巧妙地镶嵌在这碧玉似的水面上，而苏堤、白堤则像两条飘带飞逸其中。著名的西湖十景分别为：苏堤春晓、曲院风荷、平湖秋月、断桥残雪、柳浪闻莺、花港观鱼、雷峰夕照、双峰插云、南屏晚钟、三潭印月。水映山容，山容益添秀媚；山衬水态，水态更显柔情。西湖美景常使游人流连忘返，目迷心醉。

三潭印月又名"小瀛洲"，因"月光映潭，影分为三"的奇景而得名。

西子湖传说

"西湖"这个名称,始称于唐朝。到了宋朝,苏东坡咏诗赞美西湖说:"水光潋滟晴方好,山色空濛雨亦奇。欲把西湖比西子,淡妆浓抹总相宜。"诗人别出心裁地把西湖比做我国古代传说中的美人西施,于是,西湖又多了一个"西子湖"的雅号。

说起西湖的来历,有着许多优美的神话传说和民间故事。相传在很久很久以前,天上的玉龙和金凤在银河边的仙岛上找到了一块白玉。他们一起将白玉琢磨了

西湖山与水美妙和谐的结合,常使游人有身在画图中的感受。

许多年,使之变成了一颗璀璨的明珠。后来这颗明珠掉落到人间,变成了波光粼粼的西湖。玉龙和金凤也随之下凡,变成了玉龙山(即玉皇山)和凤凰山,永远守护着西湖。这是神话传说中西湖的来历,在科学家那里却有另一番研究和探讨。

沧海变明珠:西湖形成之因

1921年,气象学家、地理学家竺可桢对杭州以及西湖进行实地考查后指出:西湖的南、北、西三面均为山所围绕,只有东面是一个冲积平原(杭州就在这个平原上)。这个冲积平原是由于河流所带来的沉淀积成的,是钱塘江所成的一个三角洲。在钱塘江初成时,现在杭州所在的地方还是一片汪洋,西湖也只不过是钱塘江江口左边的一个小湾。渐渐

地,钱塘江的沉淀慢慢把湾口塞住,这个小湾就变成了一个潟湖。

1977年,浙江省水文地质队在西湖湖滨打钻取样,对样品进行了认真地分析,最后也得出结论——西湖是潟湖。潟湖说经过科学家们的不断完善,终于形成了科学合理的"构造湖盆-潟湖-人为治理综合说"。此说认为:正是历代杭州官民防海抗潮、筑堤浚湖的不懈努力,才使西湖逐渐定型、稳定。

可以说,西湖的形成与延续,是自然和人为双重因素相互作用的结果,缺一不可。大自然使得沧海变明珠,而一代代人们通过辛勤的劳动,使得这颗明珠更加光彩照人。

伸缩湖·候鸟保护区
鹤舞鄱阳

长江像一根长藤，在其中游和下游的交界处，挂系着一只南宽北狭的巨大宝葫芦。它卧于长江之南、江西之北，这就是我国最大的淡水湖——鄱阳湖。这里有无数珍禽候鸟，其中白鹤翻飞成为举世瞩目的珍奇景观。

鄱阳湖烟波浩渺，碧波万顷，承纳了赣江、抚河、信江、修水和饶河五河之水，北注长江，汇入大海。鄱阳湖处在东经115°48′～116°44′、北纬28°25′～29°45′之间。这是地球的回归沙漠地带，因湖区受带有大量水汽的东南季风的影响，自然条件得天独厚，年平均降水量在1000毫米以上，从而形成了"泽国芳草碧，梅黄烟雨中。枫红送暑归，翠竹迎风雪"的湿润季风型气候，成为全球回归沙漠带生态环境中一个独特的大型湖泊。

夕阳下的鄱阳湖有如黄金万顷，波光熠熠，一叶扁舟带着吱呀的橹声，划过鳞波泛彩的鄱阳水波。其情其景，令人恍若置身梦中。

伸缩湖

鄱阳湖是个很古老的构造断陷湖。在距今1.35亿年前的地质运动中,现今的鄱阳湖区沉陷为一大盆地。到白垩纪末,这个盆地两侧又出现了两条近南北向的大断裂,中央部分则进一步陷落成为一个巨大洼地。在距今六七千万年前的第四纪"全新世海浸"中,这个洼地潴水为湖,面积是今天鄱阳湖的两倍。后来,湖口与长江之间的高地被水流凿通,形成由湖口通往长江的港道。唐代,长江干流的径流量增大,江水由湖口倒灌入湖,加上赣江来水,使鄱阳湖有所扩展,大体上奠定了今天鄱阳湖的范围和形态。元至明初,地面下沉速度减缓,湖底有大量泥沙淤积,河流入口处形成三角洲,湖面因之大大缩小。以后,鄱阳湖的面貌仍变化不止。

鄱阳湖湖面水位的涨落随着季节的变化而变化,湖面的伸缩范围在1000平方千米左右。湖水最大量在3~7月份,这是由于江西境内春夏两季降水较多的缘故。秋冬两季,湖面可缩小1/7至1/6,仅剩几条航道,湖滩出露,绿草繁茂,形成坦荡的湖滨区。

候鸟保护区

鄱阳湖国家候鸟保护区为我国最大的候鸟保护区之一,每年冬季有无数候鸟来这里越冬。保护区内所栖息的鸟类达306种,分属17目51科,水禽达115种。其中国家一级保护动物有白鹤、白鹳、黑鹳等十几种,国家二级保护动物有天鹅、白额雁等40余种。此外,还有灰雁、鸿雁等大型候鸟。

鄱阳湖水位涨落和湖面伸缩范围有显著的季节性变化,故有"洪水一片,枯水一线"的特色。每当"枯水一线"的冬季,原来被淹没的湖滩大片出露,湖草繁茂,景色焕然一新,加之一些较深的地方残留着螺、蚬、蚌、水蚯蚓、水生昆虫等多种食物,鄱阳湖的冬季浅滩就成为候鸟栖息、美餐的天堂。鄱阳湖为世界性珍禽的生存和繁殖做出了巨大的贡献。

母系社会的活标本
泸沽湖女儿国

经云南丽江向北穿行，越过峰峦叠嶂，茂密森林，抵达宁蒗彝族自治县最后一道分水垭口，一个明镜般的湖泊就会展现在你的面前。这就是当今以"母系社会活标本"著称的泸沽湖，一个真正的女儿国。

泸沽湖古称鲁窟海子，又名左所海，俗称亮海，位于云南宁蒗县与四川盐源县之间，南距宁蒗县城72千米，为川滇两省的界湖。纳西族摩梭语"泸"为山沟，"沽"为里，意即山沟里的湖。泸沽湖是岩溶作用影响的高原断陷湖泊，面积约48.5平方千米，总容水量达19.53亿立方米，湖面海拔为2685米，是云南海拔最高的湖泊。湖水平均深度为40余米，最深处达93.5米，其深度在云南湖泊中仅次于澄江抚仙湖，居第二位。整个湖泊状如马蹄，南北长而东西窄。湖水向东流入雅砻江，最后注入金沙江，属长江水系。摩梭人也称泸沽湖为"谢纳米"，意即母亲湖。

每到"阿夏走婚"的篝火晚会上，姑娘们都会打扮得花枝招展。

摩梭男子白天在母亲家生活，晚上便到自己心爱的女子家居住。

泸沽湖风光

泸沽湖是岩溶作用影响的高原断陷湖泊，面积48.5平方千米，整个湖泊状如马蹄，南北长而东西窄。湖水向东流入雅砻江，最后注入金沙江，属长江水系。泸沽湖地处偏僻，交通不便，自然环境破坏较小，因此水体清

泸沽湖水光四时变幻、绚丽迷人。

澈，水质微甜，是我国目前少有的污染程度较低的高原深水湖之一。湖东有一条山梁蜿蜒而下，插入湖心，似苍龙俯卧湖中汲饮甘泉，形成一个美丽的半岛。它几乎将广阔的湖面一分为二，半岛尖端与对岸相距仅2000米，成为湖面最狭窄的地方。湖内有5个小岛，其中属云南境内的有3个，属四川境内的有2个。它们大小各不相同，一般高出水面15～30米，像一只只绿色的船，飘浮在湖面。宁蒗一侧的黑瓦吾岛、里务比岛和里格岛，被誉为"蓬莱三岛"。

泸沽湖水美，泸沽湖山也秀，群山之中尤以格姆山（狮子山）为人们所喜爱。这座山雄伟高大，状如雄狮在湖边蹲伏静息，狮头面湖，倾斜的横岭似脚，惟妙惟肖。狮子山在环湖而居的摩梭人心中是座美丽的山，也是座神圣的山。他们在山脚为它建立神龛，将格姆女神视为众神之首，每年农历七月二十五日，都要举行一次盛大的祭祀活动。

摩梭锅庄舞

"会跳的人儿快来跳，不会跳的人儿快来瞧。快来唱啊快来跳，今晚不跳何时跳。踏破星星踏破月，一直跳到公鸡叫。诺！诺！诺！"每逢盛大的节日到来，或进行新屋落成、婚礼等重大庆典，从黄昏开始，村子里处处篝火通明、热闹非凡。身着鲜艳民族服装的摩梭人，围着火堆跳起欢快的锅庄舞。相传在远古时代，摩梭人的先民们常受外敌侵袭，因此部落首领便发动本族人在村口的场坝上燃起熊熊的篝火，人们围着篝火跺脚呐喊以造声势，终于将敌人打退，获得了胜利。后来这种习俗便沿袭下来，成为今天摩梭人庆祝丰收、节日和祈福神灵的舞蹈。锅庄舞俗称"打跳"，当场中央燃起一堆熊熊篝火时，领舞人用竹笛或芦笙伴奏，跳舞人紧挽手臂，面向火堆，沿逆时针方向起舞，舞步随音乐节奏的快慢而变化，当舞蹈达到高潮时，会响起高亢的舞蹈号子"诺！诺！诺！"和奔放的歌曲。

里务比岛，又称"鸟岛"。它点缀在碧蓝清澈的泸沽湖中，岛上藤树茂盛、鸟语花香。

东方女儿国

泸沽湖素有"东方女儿国"之称，居住湖畔的摩梭人至今仍保留着母系社会男不娶女不嫁、男女之间建立偶居婚姻关系的走婚习俗，带给人们一种神秘的感觉，并且成为当今世界研究人类社会形态和母系社会婚姻习俗的鲜活材料。

摩梭人把女性称作"阿夏"，把男性称作"阿注"。家族里没有父亲的称呼，只有母亲和舅舅。女孩长到16岁，母亲便会为其举行成人礼。从这天起，女孩就可以单独住在后院的"花房"里，

以便和"阿注"约会。走婚的程序相当复杂，首先要有"阿注"的求爱。求爱的方式是在所钟情的"阿夏"的手心摸三下。若女子接受，则对男方的手心拍三下。这样，该"阿注"就可在当夜去女方家里走婚了。这天晚饭后，"阿夏"会将一朵鲜花插在自己"花房"的窗户上，表示今夜将有爱人光顾，家人见此便会识趣地早早休息。

在女人当家的世界里，"阿注"们无需承担抚养后代的责任。他们白天在自己家里劳动，晚上

到花房和"阿夏"同居，所生的子女均由母亲抚养成人。但这里的男人并非没有责任感，恰恰相反的是，"阿注"们很重情义、很执著。

摩梭人的走婚在一定程度上比当今社会上掺杂着功利的婚姻要纯洁得多。而在盛行女神崇拜的摩梭人身上，人们感受到了女性生命中奔放、豁达、刚强和激情的一面。世界是丰富多彩的，而那些美好的事物总是以一种独到的方式，静静地存在着。

[第六章]

Part6

雪山秘境篇

　　中国的大西北、大西南地区拥有世界上最壮丽的雪山：世界第一高峰珠穆朗玛神女峰，沿纬度呈东西向排列的念青唐古拉雪山山脉，呈南北向横跨川、滇、藏三界的横断山脉……一座座雪山拔地而起、横空出世。它们以其独特的美感和神秘的宗教影响，构成对世人的无穷吸引。每当天气放晴，雪山撩开神秘的云幔，在瓦蓝瓦蓝的天空中，那耀眼的纯白、那刀砍斧劈般棱角鲜明的轮廓、那挺拔孤傲的神态，让人惊叹，也让人敬畏。

拉萨的历史·布达拉宫

念青唐古拉雪山

离天最近的地方，是拉萨的布达拉宫。从布达拉宫北望，当雄草原上矗立着头戴冰雪冠冕的念青唐古拉大山脉。"念青唐古拉"，藏语意为"灵应草原神"，伟岸的念青唐古拉是藏北高原的南方门户，西藏四大神山之一，雄踞藏北数以百计的保护神山之首。

在纪念释迦牟尼诞生、出家、涅槃的大法会上，佛教徒们会举行瞻佛仪式。

西藏自治区

念青唐古拉山脉，位于拉萨以北100千米处。它西接岗库卡耻，东南延伸至横断山脉的伯舒拉岭，中部略为向北凸出，成为雅鲁藏布江和怒江的分水岭，同时将西藏划分成藏北、藏南、藏东南三大区域。淙淙作响的拉萨河从白雪皑皑的念青唐古拉山的冰峰雪谷中奔涌而下，穿过无数森林峡谷，汇入雅鲁藏布江，形成蓝白二水相互交融的雪域奇观。

大昭寺始建于647年，是藏王松赞干布为尼泊尔尺尊公主入藏而建的。

拉萨的历史

拉萨是一座拥有1300多年历史的古城，自古以来就是西藏的政治、经济、文化和宗教中心。

大约在1世纪前后，高原上出现了大大小小的氏族部落。这些部落经过多年的和战，又集结成若干个部落联盟，其中以山南

念青唐古拉雪山位于青藏高原中南部的当雄草原上，终年白雪皑皑。

布达拉宫始建于7世纪，是西藏政教合一的典型建筑形式，已成为西藏的象征。

河谷的雅隆部落联盟、阿里地区的象雄王国和雅鲁藏布江以北的苏毗部落联盟最为强大。7世纪初，雅隆部落首领朗日松赞成为整个吉曲河（拉萨河）流域的主宰。617年，他的儿子、吐蕃王朝的缔造者松赞干布出生在甲玛岗山沟的强巴明久林宫堡中。十多年后，接替首领之位的松赞干布做出了迁都逻些（今拉萨）的重大决策。633年，他率大臣、部属从墨竹工卡西下逻些，这片亘古以来荒凉沉寂的平野立刻变得热闹而繁荣起来。松赞干布在红山周围建宫堡，修寺庙，营造军民住房。据说，红山宫堡就是布达拉宫的前身。

吐蕃王朝从此风生水起。松赞干布制定法律，划分行政区域，分封官职，力主对外交流，并在赞普属下设五商六匠。松赞干布先后迎娶了尼泊尔尺尊公主和大唐文成公主，并为两位公主修建了大、小昭寺，分别供奉了释迦牟尼八岁和十二岁等身佛像。

8世纪时，吐蕃君主赤德祖赞迎娶了大唐金城公主。金城公主将文成公主带来的释迦牟尼十二岁等身佛像迎请到大昭寺主殿，并在红山和药王山之间修造了称为"巴嘎噶林"的三座大白塔，形成进入拉萨的大门。自从金城公主将小昭寺的释迦牟尼十二岁等身佛像移供大

昭寺主神殿后，这尊佛像就成了整个雪域藏人信仰的中心。缘于这尊至神至圣的佛像，"惹萨"又改名为"拉萨"，意为"神佛之地"。

布达拉宫

布达拉宫位于西藏自治区首府拉萨市西北郊区约2000米处的一座小山上。在当地信仰藏传佛教的人民心中，这座小山犹如观音菩萨居住的普陀山，因而用藏语称之为布达拉（普陀之意）。

7世纪时，吐蕃明君松赞干布迁都逻些并开始修建宫堡，其中就包括布达拉宫的前身——红山宫堡。松赞干布死后，西

1995年，中央政府拨款1.1亿元建成布达拉宫广场。

藏地区经历了数次政权更迭，山南乃东、后藏日喀则，都曾经作为西藏的首府，但拉萨一直是西藏最古老最神圣的城市。1642年，五世达赖建立了甘丹颇章政权。五世达赖执政期间，布达拉宫得以重修。1647年，主体工程完毕，开始内部装修和壁画绘制以及神佛塑造。1653年，五世达赖举行了盛大的开光庆典。达赖本人也迁至此地居住和施政，其地因外墙雪白而称为布达拉白宫。1682年，五世达赖圆寂，第司桑结嘉措匿不报丧，于1690年开始主持建造五世达赖灵塔殿和祀殿，这就是著名的布达拉红宫，历时四年建成。1693年藏历4月20吉日，红宫举行了隆重的落成典礼。桑结嘉措在宫前立无字碑一座，作为纪念。

布达拉宫海拔3700多米，占地总面积36万余平方米，建筑总面积13万余平方米，主楼高117米，共13层。其中宫殿、灵塔殿、佛殿、经堂、僧舍、庭院等一应俱全，组成了当今世界上海拔最高、规模最大的宫堡式建筑群。

松赞干布（左）和文成公主（右）为拉萨的形成和发展做出了重大贡献。

大昭寺中心佛殿的一、二层受印度僧房建筑的影响，平面布局略成方形。

大昭寺：佛光映圣城

大昭寺位于拉萨老城区的中心，建于唐贞观二十一年（647），距今1360多年。大昭寺共修建了3年有余，为了纪念白山羊驮土建寺的功绩，佛殿最初名为"惹萨"，因藏语中称"山羊"为"惹"，称"土"为"萨"。1409年，宗喀巴大师为纪念释迦牟尼佛以神变之法大败六种外道的功德，召集各寺院、各教派僧众，于藏历正月期间在大昭寺内举行祝福祈愿的法会，名为"传昭大法会"。据说这就是如今大昭寺名字的由来。大昭寺是西藏重大佛事活动的中心。许多重大的政治、宗教活动，如认定活佛转世灵童的"金瓶掣签"仪式就在这里进行。

大昭寺是西藏现存最辉煌的吐蕃时期的建筑，也是西藏最早的土木结构建筑，并且开创了藏式平川式寺庙布局的先河。经历代整修、增扩，形成了如今占地25100余平方米的宏伟规模。它不仅仅是一座供奉众多佛像、圣物以供信徒们膜拜的殿堂，还是佛教中关于宇宙的理想模式——坛城（曼陀罗）——这一密宗义理立体而真实的再现。

进入大昭寺前面的小广场可以看到大昭寺的全貌。由正门进入后，沿顺时针方向进入一座宽阔的露天庭院，这里是举行规模盛大的"传昭大法会"的场所。继续右绕，便是著名的"觉康"佛殿。它既是大昭寺的主体，也是大昭寺的精华之所在。佛堂呈密闭院落式，楼高四层，中央为大经堂。藏传佛教信徒认为拉萨是世界的中心，而宇宙的核心便位于此处。目前这里是大昭寺僧人诵经修法的场所。释迦牟尼佛堂是大昭寺的核心，这里是朝圣者最终的向往。

广袤而深厚的西藏大地上，积淀着藏族千百年来厚重的历史文化，蕴藏着神山圣湖的自然风光。面对西藏的诱惑，我们情不自禁地想要去探寻、去发现一种古老文化在其演变过程中的历史痕迹，去玩味这古老和现代之间的丰富与精彩……

当雄草原被念青唐古拉山脉拉成了一条狭长的带子。

珠穆朗玛峰

推敲珠峰的高度·最高的生物庇护所

绒布河位于珠穆朗玛峰北坡，是冰雪融水汇集而成的冰川河流。

珠穆朗玛峰海拔8844.43米，为世界第一高峰。数亿年前，珠峰所在的地区曾是一片汪洋大海。后来，造山运动将之变成了现在的地球之巅。珠穆朗玛峰在藏语中意为"圣母"，峰顶终年积雪，远远望去，一派圣洁景象。

地球上海拔高度在7000米以上的山峰有300多座，海拔高度在8000米以上的高峰有14座，它们大多集中分布在雄伟的青藏高原上。其中，珠穆朗玛峰以无与伦比的高度雄踞地球之巅，与北极、南极并列，被人们誉为"地球的第三极"。珠穆朗玛峰耸立于地球上最高的山脉——喜马拉雅山脉的中段，其北坡在中华人民共和国西藏自治区定日县境内，南坡在尼泊尔联邦民主共和国境内。

西藏自治区

珠穆朗玛峰

珠峰海拔8844.43米，为世界第一高峰，是一条近似东西向的弧形山系。

珠峰的形成

在距今约2亿年的中生代早期，珠峰所在地是一片浩瀚的海洋。岸上暖风吹拂，潮湿的气候使蕨类疯长，茂密的丛林是恐龙生活的乐园。那时的地球大致由南北两大古陆构成，南为冈瓦纳古陆，北为劳亚古陆。泛大洋（古太平洋）伸入古陆，形成几个巨大的海湾，今珠峰所在地在那时属古地中海海湾。100万年过去了，

喜马拉雅山脉由许多平行山脉组成，这里山脉平均海拔在6000米以上。

珠峰之巅常出现"旗云"，形似一面以珠峰为旗杆飘动的旗帜。

到了中生代末期，冈瓦纳大陆已彻底解体，印支地块与亚洲大陆碰撞后，古地中海慢慢地缩小、变浅了。尽管珠峰所在地区仍然碧波森森，但大海的女儿——珠峰已在悄然孕育之中。在这一时期，生物界发生了一件令后人困惑不解的大事——恐龙灭绝了。到距今7000万至4000万年的新生代早第三纪，珠峰地区成了一片温暖的浅海，海里栖息着海胆、介形虫、鹦鹉螺等生物。到了早第三纪末，著名的喜马拉雅造山运动发生了。印度板块以小的倾角俯冲入亚洲大陆之下，造成地壳重叠加厚和地表的大面积、大幅度抬升。在喜马拉雅造山运动中，伴随着板块的碰撞，雄伟的珠峰拔地而起，犹如一把利剑，傲视群山，直刺苍穹。

推敲珠峰的高度

作为世界第一高峰，珠穆朗玛峰的海拔高度历来为世界各国所关注。从1847年至今，对珠穆朗玛峰峰顶雪面高度的求证已进行了10多次，珠峰高度的权属之争也已经持续了百余年。

1954年，印度一个名叫古拉提的测量师测得珠峰雪面高程为8847.6米，四舍五入为8848米。之后，该数据作为印度官方的珠峰高程对外公布。

1975年，中国政府经过科学而严谨的测量后，得到珠峰的精确高度为8848.13米，这一数据作为中国对珠峰高度的采用值一直沿用了下来。

1992年，中国与意大利合作，开展珠峰测量考察工作。因雪深变化，珠峰高程1992年的观测值为8846.27米，降低了1.63米。从此，雪深与雪面高度的变化问题成了珠峰高程争议的焦点。

去珠峰必走定日，这是从北坡进出珠峰的唯一通道。

喜马拉雅山脉南坡陡峭，北坡平缓。北面缓坡和藏南谷地相接，宜农宜牧。

2004年8月，中国科学院青藏高原研究所所长姚檀栋在一次国际学术研讨会上指出，地壳运动虽然使珠峰以缓慢的速度在增高，但由于全球气候变暖，珠峰整体高度在降低。专家解释说，珠峰测高结果的差别由几个原因造成：一是海拔原点的选择不同，因为地球海平面也存在高低差别，而不同国家往往采用不同的海水面作为海拔零起始点、水准原点；二是因为珠峰冰雪层的厚度会随着季节交替有所变化；三是测量精度，目前已知的不同测量方法，精度差别可达50厘米。

2005年3月至6月，中国国家测绘局与西藏登山队合作，再次成功测量了珠穆朗玛峰的海拔。为了提高测量精度，他们采用了测深雷达准确探测珠峰峰顶的浮雪和永久冰层的厚度，峰顶竖立的觇标也与以往不同，觇标上安装了GPS天线和反射棱镜，以方便测量需要。最后，他们精确测得珠峰雪面海拔高程为8844.43米，珠峰峰顶岩石面高程测量精度±0.21米，峰顶雪深3.5米。2005年10月9日，中国国务院新闻办公室举行新闻发布会，向全世界公布了最新的珠穆朗玛峰高程数据：8844.43米。随着这一最新权威数据的公布，有关珠峰高度的争议也暂时告一段落。

最高的生物庇护所

1989年，西藏自治区正式批准成立了珠穆朗玛峰自然保护区。1994年，珠峰自然保护区被列为国家自然保护区。珠穆朗玛峰国家级自然保护区位于我国西藏自治区西南隅与尼泊尔国交界处，是世界上海拔最高的自然保护区。

整个珠峰自然保护区划分为核心保护区、缓冲区和开发区3种类型。保护区地势北高南低，地形地貌复杂多样，相对高差达7000米以上，由此造成了

珠峰独特的立体气候和生物的多样性。

珠峰保护区内植物资源丰富，主要保护对象是极高山景观和喜马拉雅山脉南翼湿润山地森林生态系统及喜马拉雅山脉北翼半干旱高原灌丛、草原生态系统。此外，保护区内还生活着大量的名贵动物。其中，国家一类保护动物长尾叶猴、熊猴、喜马拉雅塔尔羊、金钱豹、野驴、雪豹、红胸角雉、黑颈鹤8种；国家二级重点保护动物有小熊猫、黑熊、藏雪鸡、岩羊等。其中珠峰保护区所特有的雪豹已被列为珠峰自然保护区的标志性动物。据统计，珠穆朗玛峰国家级自然保护区成立以来，珍稀野生动物种群的数量明显增加。另外，保护区

喜马拉雅山是构造复杂的年轻褶皱山脉，主要由结晶岩石构成。

内藏原羚、岩羊、长尾叶猴的数量都有所增加。可见，珠峰自然保护区的对于物种的保护作用是显而易见的。

除了珍贵的动植物资源，保护区内还有多处具有重要科学研究价值的地史学遗迹，如吉隆县聂汝雄拉上新世的三趾马化石群等。此外，珠峰自然保护区在生物、地质、环境等众多学科上也有极大的研究和参考价值。

人们把珠穆朗玛峰和南北极并称，将其誉为"世界第三极"。它那举世无双的海拔高度、绚丽多姿的地形地貌、神奇莫测的自然奥秘，长期以来吸引着世界各国的登山家、探险家和科学家前来顶礼膜拜。

在珠峰自然保护区内还奔驰着珍稀动物藏野驴。

欣赏雪山之美

四姑娘雪山

有那么一座山，因为得了一个亲切如家人的名字——四姑娘，不知从何时起便声名远播起来。四姑娘山，如婉约的少女，又如威武的勇士，伫立在天地之间。靠近她，你才知道温柔是美，傲气也是美。这美，物化为美的山峰、美的沟壑、美的行云、美的流水。

四姑娘山，藏名为"石骨拉柔达"，意为大神山。它坐落在横断山脉的东北部、邛崃山脉的中段，由"三沟一山"组成。"三沟"是双桥沟、长坪沟、海子沟，"一山"为四姑娘山。四姑娘山由海拔5672米、5700米、5664米、6250米的4座毗连的山峰组成，人们分别称之为大姑娘、二姑娘、三姑娘、四姑娘，其中四姑娘峰（又名幺妹峰）最高，海拔6250米；在四川仅次于"蜀山之王"贡嘎山，因而被称为"蜀山之后"。山峰近南北向，主要由砂岩、板岩、大理岩、石灰岩构成，部分地区有花岗岩出露。四姑娘山地处川西高原向东急速过渡到成都平原的交接带。山体东陡西缓，东西自然景观差异巨大，东坡多雨湿润，其垂直生物气候带明显，热、温、寒三带皆备，以亚热带常绿阔叶林为基带；动植物丰富多彩；西坡少雨干燥，属温带干旱河谷灌丛。主峰南坡飞挂数条冰川，冰舌直指山脚。自中生代以来，四姑娘山经历了以三叠纪的印支运动为主的多次构造运动，在内外地质力的交互作用下，形成了岭谷高差悬殊的复杂地形特征。

四姑娘雪山景区的海子沟内湖水清澈见底，水草丰茂。

四姑娘山山体垂直高差巨大，分布着多种典型自然形态。

双桥沟内分布着大片的原始森林和高山草甸。

神山神话

美丽的地方总会有美丽的传说。相传很久以前，一个叫墨尔多拉的魔王常制造暴雨与山洪危害村民。在村子里生活的阿巴郎依家有4个女儿，个个聪明伶俐，如花似玉。阿巴郎依决心与魔王决斗以解救村民，然而他年老体衰，被魔王杀死了。为了完成父亲的心愿，4位姑娘运用智慧，杀死了墨尔多拉，但魔王临死前打开了天河，洪水汹涌澎湃。4位姑娘舍身挡水，毅然化作了4座山峰。这就是四姑娘山。传说4位姑娘化作山峰的这一天正好是藏历七月十三（农历五月初四），因此每年的这一天，村民都要身着节日盛装，带着酥油、青稞咂酒、糌粑等食物，来到四姑娘山的天然祭坛——锅庄坪，祭祀四姑娘山山神（石骨拉柔达），感谢神山对人间赐予的幸福和丰收。

欣赏雪山

四姑娘雪山以雄峻挺拔闻名，终年积雪，银光闪烁，宛若头披白纱、姿容俊俏的少女，素有"东方的阿尔卑斯山"之美称。四姑娘雪山是邛崃山脉最雄奇的山峰，1994年被国务院审批为国家重点风景名胜区。

四姑娘雪山景区位于阿坝藏族羌族自治州小金县日隆乡境内，多奇山异峰，白雪皑皑，大大小小的高山湖泊及森林、奇花异草、珍禽异兽，构成了独特的高原山地风光。

双桥沟 双桥沟全长34.8千米，面积约为216.6平方千米，景区分三段。在这里，人们可观看到十几座海拔在

4000米以上的雪山，其下段为杨柳桥，有阴阳谷、白杨林带、日月宝镜山、五色山等景观；中段为撵鱼坝，包括人参果坪、沙棘林、尖山子、九架海等景点；上段为牛棚了草坪和长河滩，内有阿妣山、猎人峰、血筑墙垣、牛棚子、长河坝等景点。其中，金鸡岭、古猿峰、猎人峰、老鹰崖等奇崖犀利陡峭，五色山、望月峰、舍心岩等一些充满神奇传说的山石，显露着特有的灵性，令游客惊叹不已。

长坪沟　　长坪沟是一处大峡谷，全长29千米，面积约100平方千米，四姑娘山就位于长坪沟内。长坪沟内有古柏幽道、喇嘛寺、干海子及高数十米的悬崖瀑布、奇石等景观。春天，长坪沟内山花齐放，满目绚烂；秋季，红枫漫山，与洁白的雪山相映成趣。

海子沟　　海子沟全长19.2千米，面积126.48平方千米。海子沟内有花海子、浮海、白海、蓝海、黄海等10几个高山湖泊。进入海子沟后，17千米处有一个高山堰塞湖，当地人称其为大海子。其湖水清澈见底，游鱼穿梭，水草丰茂，湖岸郁郁葱葱，树木茂盛，高山白雪倒映湖中，宛若一幅意境绝美

秋季的双桥沟风景如画。

的山水画。

　　此外，海子沟内还有三个著名的湖泊：双海子、月亮海子和犀牛海子，海拔均在4600米以上。

四姑娘山在海拔3700米以上的地段有广阔的高山草甸分布，是牧民们放牧牲畜的好地方。

卧龙自然保护区

四姑娘山一带森林茂盛，气候宜人，为动植物提供了良好的生存环境。这里的自然生态保护良好，植被茂盛，生物种类繁多，举世闻名的卧龙自然保护区就坐落在四姑娘雪山的东麓。

卧龙自然保护区始建于1963年，面积约200平方千米，是我国最早建立的综合性国家级保护区之一。1980年，这里与世界野生生物基金会合作建立中国保护大熊猫研究中心。1983年，保护区加入了联合国教科文组织的"人与生物圈计划"。

卧龙自然保护区具有丰富的动植物资源，尤以

四姑娘山所在地区山峰终年积雪，银光闪烁，宛如一派南欧风光。

大熊猫而享誉国内外，被称为"熊猫之乡"。这里地势较高，气候湿润，十分适宜大熊猫的主要食物——箭竹和桦桔竹的生长，故而成为大熊猫生存和繁衍后代的理想地区。保护区内共有100多只大熊猫，约占全国总数的10%，设有大熊猫研究中心和大熊猫野外生态观察站。

除了熊猫，保护区内

老鹰岩位于双桥沟内右侧29千米处，海拔5428米。整个山峰形如一只展翅欲飞的苍鹰。

还生活着多种国家重点保护的珍稀动物，包括金丝猴、扭角羚、白唇鹿、小熊猫、雪豹、水鹿、猕猴、短尾猴、红腹角雉、藏马鸡、石貂、大灵猫、小灵猫、猞猁、林麝、毛冠鹿、金雕、藏雪鸡、血雉等29种珍稀动物。此外，保护区内从亚热带到温带、寒带的生物均有分布。其中包括珙桐、连香树、水清树三种国家一级保护植物，九种二级保护植物，13种三级保护植物。

四姑娘山是一片神奇美丽的土地，这里有高原特有的洁净蓝天，皑皑白雪，与奇峰异树、飞瀑流泉、草甸溪流相交融，共同组成了神奇动人的景观。

玉龙雪山山顶终年积雪，山腰常有云雾，宛如一条玉龙腾空。

丽江古城·东巴文化

玉龙雪山

"丽江雪山天下绝，堆琼积玉几千叠。足盘厚地背擎天，衡华真成两丘垤。"（元·李京）诗中提及的雪山就是名传遐迩的玉龙雪山。雪山脚下坐落着丽江古城，古城居民纳西族人的东巴文化令世人惊叹不已。

玉龙雪山是北半球离赤道最近的山脉，处于青藏高原的东南边缘、横断山脉的分布地带，在地质构造上属横断山脉褶皱带。它是北半球纬度最低的并有现代冰川分布的一座极高山，由13座山峰组成，海拔均在5000米以上。群峰南北纵列，南北长约35千米，东西宽约20千米，山顶终年积雪，山腰常有云雾，远远望去，宛如一条玉龙腾空。玉龙雪山主峰扇子陡海拔5596米，是云南第二高峰，因山势陡峻，雄伟异常，迄今仍是无人登顶的"处女峰"。

人们在丽江纳西族文化博物馆中，可以欣赏、了解到演奏洞经音乐的乐器说明。

丽江古城

丽江古城纳西名为"谷本",意思是仓廪云集之地,汉名叫"大研镇","研"一般解释为"砚"。古城四周青山环抱,中间绿水萦绕,形如一方硕大的石砚,故名"大研镇"。丽江古城坐落在海拔2400米的滇西北高原上,始建于南宋,距今已有800多年历史,居住着4000多户人家。古城以"三山为屏",背靠狮子山,西北和东北依象山及金虹山,形成一个半圆形的大屏风,挡住了来自北面玉龙雪山凛冽的寒风,形成一个四季如春的小气候。

古城内"三河穿城",来自象山脚下的玉泉河水,分中、西、东三汊蜿蜒入城,在城内又分成无数条小支流,环镇越街、入院绕屋。水上座座石拱桥、栗木桥追随着流水,鳞次栉比的灰瓦土墙院落与水相依,形成了"小桥、流水、人家"的迷人景观。古城还用褐白相间的五花石铺就成一条条幽深狭窄的巷道,以四方街为中心,撒向古城的四面八方。

四方街纳西名叫"芝虑古",意为"街的中心",由四周拥挤的铺面围成一个方形的街面,故而得名"四方街"。据说,四方街的形状是模仿"知府大印"的形状而建,象征着权镇四方。四方街头枕西玉河,路面全部由五花石铺就,街面分类设摊点。四方街建于何时,或曰南宋末,或曰元初,但至明时已初具规模,则是肯定的。四方街又曾是滇西北名贵中药材集散地、藏族生活用品产销地,其皮制裘衣、图案垫褥、藏靴、藏铜锅等等远销藏区及国外。在四方街做买卖的大都为纳西妇女,所以四方街又被外人称为"女人街"。

古城最让人魂牵梦绕的,就是它那舒缓而平静的百姓人家的居家生活。傍水而建的一座座小院落,多为三坊一照壁或四合五天井。家家庭院都是土木结构的古式建筑,融汉、白、纳西风格于一炉,集艺术与实用于一体。院子里种满了各种各样的花卉,一个院子就是

玉龙雪山是北半球著名的现代冰川分布区,有丰富的冰川地貌景观。

一个小花园。

宁静悠远的古镇能把你带到其他地方早已消失的历史氛围里,让你沉醉在那古朴、厚道、乐于生活的民风之中。这正是丽江古镇的魅力。

丽江古城自古以来就是滇、川、藏的交通要冲，茶马古道上的重镇。

东巴文化

1922年5月，美国学者洛克博士在访问玉龙雪山脚下的丽江及其周围的纳西族地区时，接触到了当地的一种奇特文化——东巴文化，并被其中称为"东巴经"的典籍所吸引。洛克发现，用来书写

玉龙雪山以险、奇、美、秀著称于世。

东巴经的文字是今天世界上唯一活着的象形文字。从此，云南纳西族的东巴文化开始受到世界各国学者们的关注。这些东巴经也被视为人类启蒙时期的原始图画文字的珍本。

象形文字在纳西语中称"巴鲁纠鲁"，其意为见木画木，见石画石。由于它们只被纳西族祭司——东巴在宗教祭祀时用来记录他们在各种仪式上所口诵的祭词和仪式的程序，故被称为东巴文，已发现的单字有1000多个。据史学家考证，纳西族东巴文化有着悠久的历史，早在唐宋时期就创造

了自己独特而辉煌的数千卷用东巴文写成的东巴经。东巴经所涉及的领域十分广阔，内容包罗万象，是认识和了解纳西族古代社会的一部大百科全书。

东巴教是具有纳西族社会特点的宗教，其教徒中的杰出人物，即被后世东巴们尊为教祖的丁巴什罗、阿明什罗等人，在11世纪以后开始利用早就产生于纳西族社会的象形文字，写经传教。东巴教、东巴经书的发展，促进了东巴文的发展，终使东巴文这一"世界上唯一活着的象形文字"成为中华灿烂文化宝库中的一朵奇葩。

第七章

Part7···

特色地貌篇

　　中国疆域广阔，地势西高东低，自西而东呈三级阶梯逐渐下降，高原、山地、盆地、平原、沙漠、岛屿等地貌景观无所不有。优渥的地质条件孕育了丰富而独特的地质景观；地质运动所造就的"三江并流"奇观，置于滇西北横断山脉的纵谷之中；吐鲁番盆地的风与水不仅造就了焰云缭绕、形如飞腾火龙的火焰山，还造就了绚烂绮丽的五彩湾、狰狞诡异的魔鬼城等。此外，还有苍凉雄浑的土林地貌，夏酷热冬酷寒的罗布泊无人区，塬、梁、峁相间垒就的黄土高原……

一幅色彩纷呈的现代派绘画

缤纷五彩湾

五彩湾是新疆大地上一幅色彩纷呈的现代派绘画。高大的五彩山冈端立在图画中央，整个造型就像一个身着彩衣、东向而立的沉静美人。湾内地貌起伏，奇峰怪石千姿百态，或蜿蜒如巨蟒，或威武似雄狮，或典雅如仕女，或玲珑似宝塔，让人扑朔迷离，应接不暇。

五彩湾是新疆最美的地方，岩色基调为赭红色，黄、绿、白、蓝、黑五色掺杂其中，色彩缤纷。

五彩湾又称五彩城，因其五彩缤纷的地貌特征而得名。五彩湾位于古尔班通古特沙漠东部的吉木萨尔境内，西邻沙漠，北靠卡拉麦里山。直到20世纪80年代初，它才被石油勘探工作者发现，很快就闻名全国了。

五彩湾由赭红色的烧结岩构成，在朝阳或晚霞的映照下，山体仿佛在熊熊燃烧，美丽而壮观。

五彩湾的形成

五彩湾由数十座五彩山丘组成，面积有十几平方千米。那些错落有致的小山丘，就像一个个蒙古帐篷，透出村落的安闲和温暖，而那些高大的山丘则拔地而起、戴云披风，不亚于大都市的高层建筑。穿行于这些令人眼花缭乱的山丘中间，真有走进迷宫的感觉，稍不留

气候冷热干湿的周期性变化和地壳运动的震荡变化，使这里沉积了各种鲜艳的湖相岩层，造就了五彩湾殊胜的地貌景观。

神，就找不着归路。

走进五彩湾就像走进一个梦幻世界，光怪陆离的色彩从四面八方涌来，令人目眩神迷。顺着山势举目展望，那些或大或小、错落有致的山冈无不被艳丽的色彩缠裹，呈现出千姿百态、扑朔迷离的景象。其实，五彩湾完全是大自然的杰作。大约在几十万前的某个地质时期，这里沉积了很厚的煤层。由于地壳的强烈运动，地表凸起，那些煤层也随之出露地表。历经风蚀雨剥后，煤层表面的砂石被冲蚀殆尽。在阳光暴晒和雷电袭击的作用下，煤层大面积燃烧，形成了烧结岩堆积的大小山丘。加上各个地质时期矿物质的含量不尽相同，这一带连绵的山丘便呈现出以赭红为主、夹杂着黄白黑绿等多种色彩的绚丽景观。

奇幻五彩湾

一天之中的早、中、晚三个时段，五彩湾所展现的姿态各不相同。清晨，一轮红日从地面喷薄而出，射出漫天如孔雀尾羽状的灿烂金辉，蓝宝石一般的天空中飘来朵朵羊绒般的彩云。此刻的五彩湾就像一个刚刚出浴的圣女，秀雅而多姿。中午，五彩湾炽热如火，仿佛整个世界的阳光都聚集于此。山丘的色彩在阳光的威逼下变得淡化，就连空气也变得燥热炙人，一场熄灭了几万年的大火好像要被重新点燃。日落黄昏，整个五彩湾被夕阳点燃，那些本已淡化的色彩一下子强烈起来，山丘变得绚丽多彩，红的如火、黄的如金、绿的可爱、蓝的诱人。而被晚霞描绘的五色天空就像一个温馨的彩罩，笼于五彩湾的上空，使人仿佛置身于一个美丽的梦境。夜幕降临，长空万里，皓月如银，安详而静谧的五彩湾浸润在一片如水的月光里，若隐若现的山头就像一片灰色的云烟，仿佛与世隔绝的幻景。

五彩湾的确是一个美丽的地方。它的美就在于它的原始，它的悲壮，它的神奇，以及它给予人们的无限启迪，相信每一个走近它的人都会为它的无穷魅力所倾倒。

五彩湾是受风力和流水作用形成的侵蚀台地，外观属丘陵地形。岩石色泽不一，酷似五彩古堡。

大自然的野兽派雕塑

新疆魔鬼城

耸立在新疆版图上的雅丹地貌，是大自然的野兽派雕塑作品。"雅丹"是维吾尔语，意即"陡壁之丘"，这就是人们常说的"魔鬼城"。沐浴着金色阳光的魔鬼城，展现的不仅仅是苍凉，更有宏大与震撼，壮美与辉煌。

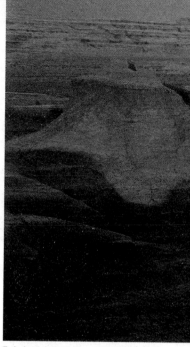

新疆魔鬼城在蒙古语中称为"苏木哈克"，在哈萨克语中称为"沙依坦克尔西"，其意皆为魔鬼。名为魔鬼城，不仅因为它特殊的地貌形同魔鬼般狰狞，而且源于狂风刮过此地时发出的声音有如魔鬼般令人毛骨悚然，这种特殊的地质面貌就是雅丹地貌。魔鬼城里到处是一座座"泥塑"，而这些艺术作品的作者就是风沙。

乌尔禾魔鬼城是一处独特的风蚀地貌，当地人也称之为"风城"。

四大魔鬼城

新疆的魔鬼城有多处，大多处于戈壁荒滩或沙漠之中，其中较为著名的有4座，即乌尔禾魔鬼城、奇台魔鬼城、克孜尔魔鬼城、哈密魔鬼城。

乌尔禾魔鬼城

位于准噶尔盆地西部边缘，西南距克拉玛依市约100千米。其神奇地貌是在间歇洪流冲刷和强劲风力吹蚀的共同作用下形成的。远眺乌尔禾魔鬼城，宛若中世纪的一座古城堡，但见堡群林立，参差错落，给人以苍凉恐怖之感。魔鬼城是赭红与灰绿相间的白垩纪水平砂、泥岩和遭流水侵蚀与风力旋磨、雕刻形成的

各类风蚀地貌形态的组合。

据考察，约1亿多年前的白垩纪时期，这里是一个巨大的淡水湖泊，湖岸生长着茂盛的植物，水中栖息着乌尔禾剑龙、蛇颈龙、准噶尔翼龙和其他远古动物。经过两次大的地壳运动后，湖泊变成了间夹着砂岩和泥板岩的陆地瀚海，地质学上称之为

戈壁荒滩上遍布着坚硬无比、杂乱无章的砾石，馒头状的岩石丘陵上杂草丛生，一片沉寂。

"戈壁台地"。20世纪60年代，地质工作者在这里发掘出一具完整的翼龙化石，从而使乌尔禾魔鬼城蜚声天下。

奇台魔鬼城　位于准噶尔盆地东部的将军戈壁上。由奇台县城向北行几十千米，便是一望无际的将军戈壁。除了魔鬼城外，这里还有亚洲最大的硅化木群、轰动全国的恐龙沟、被称为化石之库的石钱滩，它们与魔鬼城并称将军戈壁"四大奇迹"。

奇台魔鬼城是大自然的奇妙手笔。千百万年前，由于地壳的运动，这里形成了一些沙岩结构的山体，其中较为松软的岩石在风雨的剥蚀下，形成了千奇百怪的岩体和大大小小的洞穴。

其实，魔鬼城最像城的部分是一座1000多米长的小山，山体岩层错落有致。最奇的还是它的左侧，耸立着一大一小既像古塔又像门楼的巨岩，其酷似人

夕阳下的魔鬼城奇山丛生、山包起伏，使人们有一种错综迷离的感觉。

这些看上去毫不起眼的、连成一片的小土丘，都曾经是巨大山体的一部分。

工建筑的逼真程度令人惊叹不已。

克孜尔魔鬼城　地处拜城盆地与东北部黑英山之间的低山丘陵区。整体地形北高南低，由剥蚀、风蚀和流水作用形成的纵横沟谷及沟谷间的梁脊、台地、孤丘等组成。孤丘、台地、梁脊与谷地高差不等。这座高原上的魔鬼城仿佛一座高原石林，质地坚硬，挺拔矗立。

哈密魔鬼城　位于哈密五堡乡西南30余千米处的戈壁滩上。这里的雅丹群有平地突起之势。经过长年风雨的洗礼，地面呈现出层层黑油般的沙浪。当太阳接近地面时，隐没的光线打在棱角分明的雅丹群上，犹如黑色海洋中的神秘之城。

中国的高热地带

炎炎火焰山

火焰山地处新疆吐鲁番盆地的苍茫荒漠之中，东西长达100千米，南北宽约10千米，海拔500米左右。火焰山主要由红色砂岩构成，山势曲折，形状怪异。在强烈的阳光照射下，红色砂岩熠熠发光，如同殷红的鲜血；烟云蒸腾，又像燃烧着的巨龙，奔腾跳跃，威武壮观。

火焰山，古书称之为赤石山，维吾尔语称克孜勒塔格，意即红山，唐人以其炎热曾名为"火山"。

火焰山火红的山体就如同火焰一般，散发着灼灼热浪。

火焰山山脉呈东西走向，东起鄯善县兰干流沙河，西止吐鲁番桃儿沟，横卧于吐鲁番盆地中。其最高峰在鄯善县吐峪沟附近，海拔851米。火焰山是天山东部博格达山南坡前山带的一个短小褶皱，形成于喜马拉雅造山运动期间。山脉的雏形形成于距今1.4亿年前，基本地貌格局形成于距今1.41亿年前，经历了漫长的地质岁月，跨越了侏罗纪、白垩纪、第三纪等几个重要地质年代。

高热之因

吐鲁番火焰山童山秃岭，寸草不生。传说，它就是《西游记》中所提到的那座火焰山。吐鲁番火焰山是全国最热的地方，盛夏时的地表温度高达70度以上，历史最高纪录曾达到82.3度。

为什么火焰山夏季如此酷热，并在全国保持遥遥领先的高温纪录呢？原来，火焰山深居内陆，湿润气流难以进入，因而云雨稀少，气候十分干燥。同时，由于云层稀薄，太阳辐射被大气削弱的少，到达地面热量多，而地面又无水分供蒸发，热量支出少，地温就升得很高，高热的地面又把能量源源不断地传给大气。再加上火焰山地处闭塞低洼的吐鲁番盆地中部，一方面阳光辐射积聚的热量不易散失，另一方面沿着群山下沉的气流送来阵阵热风，造成所谓焚风效应，更加剧了增温作用。以上种种原因使这里形成名副其实的"火洲"。所以，即使站在远处看火焰山，也会清楚地看到整座大山的"熊熊烈火"，会感觉到一股股炙热的气流扑面而来，令人汗流浃背、头昏目眩。由于火焰山下阳光充足、昼夜温差大，十分有利于瓜果生长，这里的葡萄、哈密瓜闻名全国。

葡萄沟

由于地壳运动断裂与

火焰山下有一个世界上最大的、金箍棒造型的温度计。

河水切割，火焰山山腹中留下了许多沟谷。这些沟谷风景秀丽、瓜果飘香，葡萄沟就是其中之一。葡萄沟位于火焰山西端，沟中铺绿叠翠、景色秀丽、别有洞天，同火焰山光秃秃的山体形成了鲜明的对照。葡萄沟内，两山夹峙，形成坡洼沟谷，中有湍急溪流。沟长8000米，宽500米，其间布满了果园和葡萄园。这里世代居住着维、回、汉等民族的果农，主要种植无核白葡萄和马奶子葡萄。无核白葡萄晶莹如玉，堪称天下最甜的葡萄。葡萄沟的崖壁中渗出泉水，汇而成池，池水清澈。漫步于斯，令人有不知身在炎炎火焰山中之感。

火焰山高温干旱，"飞鸟千里不敢来"。它位处"丝绸之路"北道上，至今仍留存有许多文化古迹和历史佳话。

迁移问题的百年论争

罗布泊谜地

关于古代罗布泊地区，晋代高僧法显在其《佛国记》中有一段令人恐怖的描绘："沙河中多有恶鬼、热风，遇则皆死，无一全者。上无飞鸟，下无走兽。遍望极目，欲求度处，则莫知所拟，惟以死人枯骨为标帜耳。"而今日的罗布泊地区，也是夏季酷热，冬季严寒，气候干旱，沙丘无垠，盐壳广布，地貌狰狞……

2000多年来，中外探险家纷纷来罗布泊考察，写下了许多相关的报道。

中国新疆塔里木盆地东部有一片茫茫荒原，东至北山，西至塔里木河下游主河道以西，南抵阿尔金山山麓，北达库鲁克塔格山脉。这便是充满神秘色彩的罗布泊地区。现今已极度干旱的罗布泊地区原先是一个名闻遐迩的湖泊，也是一个十分奇特的内陆大湖。

关于罗布泊是否为迁移湖的问题已经争论了130多年，是一个世纪之谜。

罗布泊迁移问题之争

瑞典人斯文·赫定是一位著名的探险家和地理学家，正是他创立了有名的罗布泊"游移湖"理论。"游移湖"理论的主要内容是：330年以前，塔里木河一直向东奔

繁星般的土丘分布在罗布泊的东、西、北岸一带。

流，注入楼兰南面的老"罗布泊"，即清代地图上的罗布淖尔。塔里木河改道后，又向东南流入喀拉库顺地区的湖泊。罗布泊犹如塔里木河钟摆上挂的锤，反复地南北摆动。但是，20世纪50年代后期和80年代初期，一些科学家提出了罗布泊始终在罗布洼地的"未迁说"。

罗布泊真的从来没有"游移"过吗？近年来，有专家经过潜心研究并指出，干旱地区的一些湖泊具有迁移的特性，而罗布泊是一个具有典型的迁移特征的荒漠湖泊。罗布泊的迁移过程复原如下：汉晋时期，塔里木河下游的库姆河和古代罗布泊（即古籍所记载的泽、盐泽、蒲昌海），孕育了辉煌的楼兰古文明。后来库姆河

改道经罗布沙漠西侧的"小河"流注屯城（即今米兰）北的湖泊，即《水经注》所称的牢兰海。库姆河改道后，楼兰古城无声无息地被遗弃在沙漠之中。大约在晚唐至五代之际，塔里木河下游水系再次出现巨大变动，改道后的湖泊在英苏-阿拉干一带潴积，清时称之为罗布淖尔。18世纪后期或稍晚，罗布淖尔从英苏-阿拉干一带迁移到喀拉库顺湖。1921年，塔里木河大改道，经东河滩流入孔雀河，并在铁门堡河曲发育的地方突破薄弱的河岸，东注罗布洼地，形成现代史上的罗布泊。1952年，尉犁县在塔里木河中游筑坝，塔里木河因而复入故道，终点湖在台特马湖。

罗布泊地区是一个"谜"的世界！一个个自然、社会、历史的难解之谜，充斥着这块神奇的土地。

20世纪50年代后期至60年代初，塔里木河正值丰水期，洪水多次涌入下游，突破台特马湖湖区，致使罗布洼地出现面积极大、水深极浅的大湖。但由于塔里木河下游水库和孔雀河水坝的修筑，罗布洼地来水渐绝。60年代中后期，广袤无垠的罗布泊终于在罗布洼地消失了，塔里木河在大西海子水库形成终点湖。

罗布泊是谜的世界，罗布泊迁移问题更是谜中之谜。而现在，笼罩在其上的层层面纱正在揭开，相信现代科学技术最终将向世人展示罗布泊迁移的真相，彻底揭开这一谜中之谜。

黄土地貌的形成之因

黄土高原

黄土高原是中华文明最重要的发源地。可是，很少有人知道在那浩瀚的黄土高原上，隐藏着多少鲜为人知的自然奥秘！比如黄土高原的黄土，来自何方？如何形成？这看似平常的问题，长久以来却没有最终的答案……

黄山滚滚，连绵不绝，那是黄土巨人身上裸露出的隆起的肌肉。

黄土高原是我国四大高原之一，横跨青、甘、宁、蒙、陕、晋、豫7个省区，面积约为40多万平方千米。黄土高原由西北向东南倾斜，海拔多在1000～2000米。区域内的主要山脉六盘山和子午岭将其分为3个部分，分别为山西高原、陕甘黄土高原和陇西高原。

黄土地貌

黄土高原的地貌结构主要包括三种类型：其一，突起于黄土覆盖层之上的岩石山地；其二，接受新生界沉积的断陷盆地或地堑谷地；其三，位置居中，基岩上为深厚黄土层所覆盖，并为河谷分割的"塬"、"梁"、"峁"。黄土塬是四周为沟谷蚕食的黄土高原面；黄土梁和黄土峁是两侧为沟谷分割的黄土丘陵，前者呈长条形，后者呈椭

由黄土塬、梁、峁组成的黄土地貌构成了一幅雄浑的黄土地风光。

黄土高原大部分为黄土覆盖，厚度多在50米至100米之间。

圆形或圆形。从分布面积来看，塬、梁、峁是黄土高原的地貌主体。

通常我们所能看到的黄土高原只是厚积于其表面的黄土层，黄土层所掩盖着的则是早已形成的高原基岩。然而，这些黄土来自何处？又是如何堆积于高原之上的呢？

风成说与水成说

在地质学界，关于黄土高原的成因主要有两种说法：风成说和水成说。其中，水成说认为陕北黄土物质的堆积过程，主要是盆地周围高山岩石风化形成的粉砂质与黏土质碎屑由坡水带到涧溪，又被河流冲到盆地平原所形成的。这些河流（主要为黄河及其支流）时常泛滥，形成一个广大的冲积扇并不断淤积，冲积扇淤高到一定程度，河道就要迁徙，原先的泥土淤积处就会变成黄土。由于河道不断迁移，泥土就不断淤积而转变成新的黄土，最终形成今日之黄土高原。

而风成说则认为黄土层是被风吹到草原区，逐渐固结和增厚成为原生黄土（通过风力搬运形成的黄土），然后为流水搬移成次生黄土（通过其他营力搬运形成的黄土），最后累积而成的。简而言之，"黄土风成说"即认为黄土高原上的黄土来源于西北部广大的沙漠地区，运送动力则是风。

黄土高原上连绵的黄土，这象征中华民族生生不息的黄土，是远方的来客，还是本地的土著？这仍然是一个谜……

黄土高原上的老汉将羊群赶到黄河边上放牧。

沙海中的艺术圣地莫高窟

敦煌鸣沙山

在古老敦煌的沙漠中，遗留有似钟磬和鸣、金鼓齐奏的鸣沙山，有震惊世界的"东方的艺术明珠"莫高窟，还有翻飞飘舞的飞天女神……我们，是飞天的后人。

莫高窟如一颗明珠，在茫茫大漠中焕发出夺目光华。图为高达7层的洞窟。

鸣沙山，古称神沙山、沙角山。它位于甘肃敦煌市南郊5千米处，山体高达数十米，东西绵亘40多千米，南北纵横20千米，海拔1650米，宛如两条沙臂围护着山麓的月牙泉。鸣沙山沙峰起伏，处于腾格里沙漠边缘，与宁夏中卫县的沙坡头、内蒙古达拉特旗的响沙湾和新疆巴里坤哈萨克自治县境内的巴里坤同为我国四大鸣沙山。从山顶往下滑时，沙砾随人体下坠，鸣声不绝于耳。据史书记载：天气晴朗之时，山有丝竹管弦之音，犹如奏乐，故称"沙岭晴鸣"，为敦煌一景。

鸣沙传说

所谓鸣沙，并非自鸣，而是因人沿沙面滑落而产生鸣响，是自然现象中的一种奇观，有人将之誉为"天地间的奇响，自然中美妙的乐章。"当你从山巅顺陡立的沙坡下滑，流沙如同一幅幅锦缎张挂沙坡，又好似金色群龙飞腾。鸣声随之而起，初如丝竹管弦，继若钟磬和鸣，进而金鼓齐奏，轰鸣不绝于耳。据《沙州图经》载：鸣沙山"流动无定，俄然深谷为陵，高岩为谷，峰危似削，孤烟如画，夕疑无地"。这段文字描述鸣沙山形状多变，其原因是流

莫高窟外景，山岩上的一个个洞窟承负着信徒们令人慨叹的深长祈愿与虔诚念想。

沙造成的。

莫高窟

　　莫高窟俗称千佛洞，位于敦煌市东南25千米鸣沙山东麓，南北长约1600米，创建于前秦建元二年（366），历经十六国、北魏、西魏、北周、隋、唐、五代、宋、西夏、元等朝代，连续营造千年之久。现存洞窟500多个，珍存着北凉至元各朝代制作的壁画45000多平方米、彩塑2000余身，是世界上现存规模最宏大、保存最完好的佛教艺术宝库。

飞天形象

　　莫高窟中的壁画所表现的大都是佛教内容，如经变、本生、佛传、供养人及因缘故事，还有一些佛像、神怪、动物、山水画、建筑画以及装饰图案等。但其中最著名的艺术造型莫过于飞天了。在莫高窟约500个洞窟中，飞天形象出现了4500余型。飞天诞生于西方极乐世界的七宝池中，是圣洁无瑕的莲花化身。每当佛祖讲经宣法时，她们就锦带绕身，当空翔舞。飞天形象大致起自北凉，中经

鸣沙山因沙动鸣响而得名。山为流沙积成，沙分五色：红、黄、绿、白、黑。

北魏、西魏、北周、隋唐五代，直至宋元诸朝。但是唐代的飞天最为美丽。在那些画面中，她们一跃而起，仿佛完全摆脱了重力，不借助彩云，不借助风力，自由自在地盘旋在天空中。北魏的飞天太粗犷，宋元的飞天太细致而略显灵气不足，只有唐代的飞天将细致的笔触与创作者的激情完美地结合起来，让人感受到那泱泱盛唐才具备的自信和力量。

小寨天坑与天井峡地缝

奉节兴隆镇坐落在重庆、湖北两地交界处，镇东有一条从海拔2000米左右的高山河谷中流下来的"撒谷溪"。溪水从石灰岩层流过，历经亿万年的溶蚀、坍陷，形成了一大片典型的石灰岩地貌。世界上最大的"天坑"和最深的"地缝"就分布在这里。

这里的天坑无论洞口大小，全都深不可测。其中，最壮观、最神秘的要属小寨天坑。小寨天坑位于荆竹乡小寨村。天坑上口直径622米，坑底直径522米，深666.2米，总容积约为1.19亿立方米，其深度和容积均

小寨天坑·天井峡地缝·乐业天坑
天坑奇观

走在连绵的群山之中，冷不防眼前便露出一个巨大的坑洞，悬崖峭壁似斧劈刀削般森然直立，而绝壁围成的坑洞则犹如大山对着苍天张开了嘴巴。这种奇异的自然景观，民间俗称"天坑"，是大自然留给人类的神奇造化之谜。

小寨天坑是经溶洞坍塌或地表水流入地下时溶蚀形成的。

仰面朝天的"天坑"，学名喀斯特漏斗或岩溶漏斗。在可溶性岩石大片分布的地区，丰富的地表水沿着可溶性岩石表面的垂直裂隙向下渗漏，裂隙不断扩大，从而在距地面较浅的地方形成隐伏的孔洞。随着孔洞的扩大，上方的土体逐步崩落，最后便形成漏斗。天坑主要分布在中国、俄罗斯、墨西哥、斯洛文尼亚等地。

居世界首位。撒谷溪不仅溶蚀出了这个世界上最大的天坑，而且还割裂出了一处地球上罕见的地貌——37千米长的地缝。此地缝又名"天井峡"，由峡谷、消水洞和地下河构成。在地理学上，地缝被称为"干谷"或"盲谷"。在石灰岩地区，由于河床有漏斗和落水洞，河流被全部截入地下，由此形成的干涸河床叫做"干谷"。有的河流全部消失在溶洞之中，成为没有出口的河谷，则叫"盲谷"。撒谷溪下的地缝中又有无数天坑，溪水全部转入地下，形成干谷。1994年9月，英国探险队员测得地缝的深度为900米，当属世界之最。

乐业天坑

广西西部有个乐业县，这里有着世界上最大的天坑群。乐业天坑群由大石围天坑和附近的数十个天坑组成，密集地排列在方圆20多平方千米的范围内。

乐业天坑群的底部，生长着茂密的原始森林。

专家通过GPS地球卫星测量仪测出了大石围的准确数据：深度为613米，坑口东西长600米，南北宽420米，容积约为0.8亿立方米。其垂直高度和容积仅次于小寨天坑，居世界第二位。

乐业天坑群的底部，生长着茂密的原始森林。森林内的植物种类多达上千种，大部分迥异于坑外植物。在大石围天坑底部的暗河中有一种罕见鱼类——盲鱼。盲鱼眼睛很小很小，显然是长期生活的黑暗环境使然。

在这方圆数千米的范围内，何以密集如此之多的天坑呢？中国地质专家们推断，这与乐业县特殊的地质构造有关。乐业县的地层呈S形旋扭构造，天坑分布的地区正处于这个旋扭构造的中部，即两个反向弧形的连接线上。这个地区在地壳震荡时发生的张力最大，由此形成了诸多的抗张裂隙，即天坑群。

从高处眺望，只见覆盖着苍茫山林的岩崖中，有一道窄缝在峡谷中时隐时现。

胜地仙境　人间瑶池
黄龙钙华池

黄龙是著名的风景名胜区，位于四川省阿坝藏族羌族自治州松潘县境内。黄龙风景区景观类型丰富，造型奇特，以宏大的地表钙华景观为主景，与周边的山岳景观、峡谷景观、森林景观、人文景观构成了壮丽奇绝的人间瑶池。

在浅黄色的地表钙华堆积体上，八大彩池群层层叠叠，如巨龙的鳞甲闪耀着五色缤纷的波光；六大钙华飞瀑的轰鸣与岩溶流泉的轻唱遥相呼应，构成了一首永不停息的交响乐；钙华滩流、钙华洞穴异彩纷呈，构成了如九天瑶池般绚丽奇绝的景观。

人间瑶池

在相对高差达400余米的黄龙沟中，古冰川塑造的地貌经过长期的钙华沉积，形成了一系列似鱼鳞叠置的彩池群。八群彩池，规模不同，形态各异。

黄龙沟由地表钙华堆积形成，宛若一条金色巨龙。

黄龙似一座巨大的碧海琼宫，其构景之精美，奇巧胜过能工巧匠。

"洗花池群"为进沟第一池群。20多个彩池参差错落、排列有序，揭开了黄龙景区的序幕。位置最高的"浴玉池群"由693个彩池组成，面积21056平方米，是黄龙最大的一个彩池群。"金沙铺地"钙华滩流长2500米，宽100米，浅浅的流水在滩面滚流，一泻千米，阳光照射下，波光粼粼，晶莹透亮。涉足滩上，似有"千层之水脚下踏，万两黄金滚滚来"之感。黄龙瀑布规模虽不大，但它飞泻于黄色钙华坡上，流泻于彩池之间，更显得秀美多姿，别生情趣。黄龙洞内，酷似尊尊佛像的石钟乳似幻似真，倾倒了无数游人。

"金沙铺地"是从洗身洞到娑萝彩池的钙华流。

钙华滩流长2500米，宽100米，浅浅的流水在滩面滚流，一泻千米。

黄龙喀斯特的形成

距今200万年以前，地球的造山运动使岷山山脉伴随着青藏高原一同快速隆起，黄龙沟也在这一期间形成了典型的冰川U形谷地。该区属古生界和三叠纪以碳酸盐成分为主的地层，地质结构复杂。黄龙古寺南侧的望乡台断裂带是重要的地下水通道，富含碳酸氢钙的地下水通过深部循环在此出露，成为黄龙钙华堆积的源泉。这些水流经黄龙沟凹凸不平的河床，水流的分布和流速变化不均，加上树根、落叶的局部阻塞，在温度、压力、水动力等因素变化的影响下，水中的碳酸钙沉积下来，形成钙华塌陷、钙华滩流、钙华瀑布等独特的露天钙华堆积地貌。这一地貌的形成和水生植物也有密切关系，科学家们称之为"生物喀斯特作用"。在黄龙沟的彩池、滩流和瀑布中，常常可以看到围绕和依附植物茎干和枝叶形成的钙华，这是生物喀斯特作用促进钙华沉积的典型例证。

这种高山、高寒环境下形成的大规模钙华堆积地貌是世界上绝无仅有的景观，具有重要的科学价值和美学价值。

三江并流地区汇集了雪山峡谷、湖泊森林、草甸冰川等多种景观。

访问"地球历史公园"

三江并流

这里有着特殊的地质构造；这里是世界生物多样性最丰富的地区之一，是北半球生物景观的缩影，也是世界物种基因库；这里是藏族、彝族、傈僳族等少数民族的聚集地……这就是美丽而神奇的三江并流地区。

三江并流地区

云 南

怒江呈北南走向，东岸是怒山，西岸是高黎贡山。

20世纪80年代，一位联合国教科文组织的官员在一张卫星遥感地图上发现，在位于地球东经98°～100°30′、北纬25°30′～29°的地区并行着三条奔腾不息的大江，这就是位于青藏高原南延至滇西北横断山脉纵谷之中的"三江"地区。这里曾经是一片鲜为人知的秘境，于2004年申报成为世界自然遗产。2005年，三江并流地区一跃成为世人关注的焦点。

三江并流是指金沙江、澜沧江和怒江这三条发源于

怒江州兰坪县地处金沙江、澜沧江、怒江流域的中心地带，自古就有一日达三江的独特地理位置。

青藏高原的大江在云南省境内自北向南并行奔流，穿越在担当力卡山、高黎贡山、怒山和云岭等崇山峻岭之间，形成了世界上罕见的"江水并流而不交汇"的奇特自然地理景观。

三江并流自然景观由怒江、澜沧江、金沙江及其流域内的山脉组成。它是云南省面积最大、景观最丰富壮观、但基本上未开发的景区。此外，三江并流地区位于东亚、南亚和青藏高原三大地理区域

的交汇处，是世界上罕见的高山地貌及其演化的代表地区，也是世界上生物物种最丰富的地区之一。同时，该地区还是藏族、怒族、彝族、傈僳族等众多民族的聚居地，是世界上罕见的多民族、多语言、多种宗教信仰和风俗习惯并存的地区。丰富多彩的民风民俗，险要的峡谷险滩，幽静的高原牧场，丰富的珍惜植物，这些都使得三江并流地区成为令人向往的神秘地带。

四山并立，三江并流

"三江"并流地处川、滇、藏接壤地区，属青藏高原的东南延伸部分。金沙江、澜沧江、怒江沿较深的沟谷发育，将地形深切形成了三条大峡谷，即怒江大峡谷、澜沧江梅里雪山大峡谷和金沙江虎跳峡大峡谷。三条江的江面海拔高程自东向西呈梯状，高差达500米。这里山谷相间、雪山耸立，江河奔流，构成了举世瞩目的横断山脉和世界唯一的大河并流区。

金沙江是长江的上游，最终注入东海；澜沧江是湄公河的上游，最终注入南海；怒江则是萨尔温江的上游，最终注入安达曼海，后两条江为国际河流。三江并流奇观的形成，主要原因是受地质构造条件的约束，金沙江、澜沧江、怒江自北向南纵贯全区，被限制在60～100千米的狭长地带内，才得以构成世界上唯一的三江并流奇观，并造就了几个大峡谷。从高空俯视，可见三条大江由北往南纵贯全区，与高黎贡山、怒山、云岭、沙鲁里山形成了"四山并立、三江并流"这一世界罕见的地理奇观。

丰富的地貌

三江并流地区，集雪山、峡谷、高山湖泊、丹霞地貌等自然景观于一体。该地区高山海拔变化呈垂直地带性分布，汇集了高山峡谷、雪峰冰川、高原湿地、森林草甸、淡水湖泊等不同类型的地貌景观，可谓世界上蕴藏最丰富的地质地貌博物馆。

三江并流区域多雄伟壮观的高山雪峰，汇聚了云南最高的高山雪峰——德钦太子雪山、海拔超过5000米的玉龙雪山和梅里雪山等，另外还有海拔超

过4000米的碧罗雪山、高黎贡山、老君山等60余座雪山。

此外，三江并流地区的大峡谷纵横密布。该地区大江大河深入割切，造就了诸多峡谷奇观。怒江大峡谷、金沙江虎跳峡皆以其深度和险度闻名于世，还有怒江的双纳凹地大峡谷、齐那桶峡谷，澜沧江梅里大峡谷、伏龙桥峡谷等。这些峡谷内多急流险滩，险象环生。

三江并流地区高山湖泊密布。在高黎贡山、怒山、老君山上，冰雪融积形成了大量大大小小的湖泊，较著名的有泸水县高黎贡山的听命湖、恩热依比湖、念波依比湖，中甸县的碧塔海、属都湖等。

三江并流地区的高山雪峰间还分布着许多高山草甸，如大小中甸，大羊场、老君山等。据调查数据显示，三江并流流域面积超过50平方千米的景区就有近百个，各类景点不计其数，可谓是北半球除沙漠海洋景观外各类自然景观的缩影。

世界生物基因库

由于三江并流地区未受第四纪冰期大陆冰川的覆盖，加之区域内山脉为南北走向，因此这里成为欧亚大陆生物物种南来北往的主要通道和避难所，是欧亚大陆生物群落最富集的地区。区域内云集了北半球南亚热带、中亚热带、北亚热带、暖温带、温带、寒温带和寒带等各种气候环境类型，共拥有20余种生态系统，占北半球生态系统类型的80%，是欧亚大陆生物生态环境的缩影。

此外，这一地区的总面积虽不足国土总面积的0.4%，却拥有全国20%以上的高等植物和全国25%的动物种数。因此，三江并流地区名列中国生物多样性17个关键区的第一位，被誉为"世界生物基因库"。

怒江大峡谷位于云南西部，为三江并流风景区的一部分。

怒江、金沙江和澜沧江孕育了数千年的"江边文化"。

虎跳滩土林·班果土林·新华土林

雄浑土林

云南省的元谋、永德、华宁、景东、南涧等许多县都有土林景观，但楚雄彝族自治州元谋县的土林尤以分布广泛、类型齐全、发育良好和规模宏大而雄踞全省之冠。

元谋土林分布在元谋县西部和西北部的白草岭山脉余脉以及蜻蛉河、勐冈河、班果河沿岸，总面积43平方千米。

土林的形成

元谋土林属于地质新生代第四纪沙砾黏土沉积层，这一地层有较多的膨胀土成分，雨后泡水体积膨胀，干季失水体积缩小。同时，元谋土林正处于沙砾岩内，沿软岩层凹进，硬岩层突出。在这样特殊的地质条件下，又经过亚热带地区长期的烈日曝晒、雨水冲刷，终于形成这一自然奇观。元谋土林的基本构成是一座座黄色的土峰土柱，其顶端大都呈圆锥或扁平形。

虎跳滩土林

虎跳滩土林形态以城堡状、屏风状、帘状为主，高度一般为10～15米，最高27米。"欧亚奇观"是虎跳滩土林的最佳景观，这里的土林高大挺拔，大都酷似古代宫廷殿堂，造型中西合璧，相映生辉。

班果土林

班果土林是土林发育老年期残丘阶段的代表，高度一般在3～8米，最高12米。班果土林的土柱表面夹杂有闪烁的石英和玛瑙颗粒，如同镶嵌了宝石，在阳光的照耀下，五光十色。

新华土林

新华土林高大密集，类型齐全，圆锥状土林发育良好，一般高8～25米，最高达42.8米，居元谋土林高度之冠。从远处看，新华土林就像一座座富丽堂皇的宫殿，走进去则犹如置身于古堡画廊中。

云南土林分布较广，其中以元谋县的虎跳滩、班果、新华土林为佳。

第八章

Part8

古道遗迹篇

　　路的诞生、源于人们对未知世界的渴望。从古至今，道路都是人类社会最重要的经济动脉。举世闻名的丝绸之路将精美的中国丝绸输往西方国家，同时也将西方国家的物产传入中国。丝路就像一条绚丽而柔韧的丝带，把人类古老的东西方文明连接起来。"蜀道之难，难于上青天"，古蜀道如蛛网一般，蜿蜒密布于陡峭巍峨的秦岭巴山中，将四川盆地、汉中盆地、关中平原连成不可分割的整体。作为连接汉藏等多民族经济文化纽带的茶马古道，跨越了横断山脉的险山恶水，是人类为了生存所激发的非凡勇气和所做出的超常努力的象征。

美玉之乡·昆山玉路

玉石之路

玉石之路是丝绸之路的前身，在学术价值上比后者还要高。我国边疆和中原、东方和西方的文化与商贸交流的第一个媒介既不是丝绸，也不是瓷器，而是和田玉。

和田玉是中华民族的瑰宝，是中国的"国石"。早在新石器时代，昆仑山下的先民就发现了和田玉。历史上周的礼器、秦的玉玺、汉的玉衣、唐的行龙玉佩、宋的玉嵌饰、元的渎山大玉海、明的鹅首带钩等精美玉雕所用的原料都是和田玉。据考证，"玉石之路"从新石器时代开始，经过夏、商、周、春秋、战国、秦、汉、隋、唐、元、明、清、中华民国直到今天，在6000多年的岁月中，和田玉传遍了中国各地，流传到中亚、欧洲乃至全世界，这使和田玉进入古代、现代和当代文明史，享誉世界。

唐代白玉凤形 由和田白玉琢制而成，整件器物为立体圆雕。

"金生丽水，玉出昆岗"，和田美玉产自"万山之祖"的昆仑山。

和田地区位于新疆维吾尔自治区南隅。

美玉之乡

毛主席有诗云："一唱雄鸡天下白，万方乐奏有于阗。"古代的于阗，就是现在的和田。和田位于新疆维吾尔自治区的最南端，自古以来就是闻名中外的美玉之邦。中国出产玉石的地方不在少数，但"凡玉，贵重者皆出于阗"。和田美玉主要蕴藏在塔里木盆地南部的昆仑山（包括阿尔金山）的北坡。

自古以来，和田玉就是我国玉文化的主体之一。和田玉质地十分细腻，所以它的美表现在光洁滋润、颜色均一、柔和如脂。此外，和田玉非常坚韧，抗压能力甚至超过了钢铁。这些因素促使和田玉成为自古以来爱玉之人的最爱。

玉石之路的开辟

和田玉首开了我国边疆与中原、东方与西方交流的运输通道，后来，丝绸商人又在玉石之路的基础上发展起一条"丝绸之路"。可以说，和田玉是东西方经济文化交流的开路先锋。

考古学家已在新疆发现了新石器时代的和田玉制成的玉斧和玉串珠，在陕西的仰韶文化也出土了和田玉制成的玉器，在甘肃新石器时代遗址出土的玉片也属于和田玉，这表明当时新疆与甘肃、陕西之间就已经有了一条运输和田玉的道路，而这条路便是玉石之路的雏形。同时，玉石之路已逐渐向西延伸，到达中亚。玉石之路以新疆和田为中心，向东西两翼输出和田玉，经塔克拉玛干沙漠通道，沿河西走廊或北部大草原向东渐进到达中原地区，向西到达中亚地区。

约2000年前，西汉的张骞两次出使西域，正是在玉石之路的基础上才能到达西域各国。汉代以后，随着丝绸之路的兴起，处于丝绸之路关键地段的新疆对外联系增多，和田玉更成为宝物东往西出。玉器是丝路贸易的重要内容之一，历代中原朝廷均通过受贡和贸易的途径获得和田玉。

羊脂玉属于和田玉中的白玉，它含99%的透闪石成分，纯度极高。

嘉峪关为河西走廊第一隘口，是历代封建王朝戍边设防的重地，也是丝绸之路及东西文化交流的交通要道。

丝绸之路

世界通过丝绸认识了中国。公元前5世纪，古希腊人称中国为"赛里斯国"，即丝国。当年，罗马恺撒大帝曾穿一件丝绸长袍到剧院看戏，全场无不啧啧赞美。随后丝绸价格猛涨，出现一磅丝料价值一磅黄金的奇迹。在西方人眼中，遥远的中国就像美丽的丝绸一样：绮丽、富贵、光彩熠熠。所以，19世纪德国地理学家李希霍芬在对连接亚非欧东西交通的古道进行研究时，首先便想到了这个名字：Seidenstrassen，就是"丝绸之路"。

绵延12000千米的丝绸之路诞生于人们对未知世界的渴望。它是古代人类最重要的经济动脉，从东方的中国一直延伸到西方的地中海沿岸，将商品、思想、信仰向世界各地散播。世界最伟大的文化在此交汇：蒙古、印度、波斯、罗马、希腊、拜占庭、埃及……无数人走过这里：商人、僧侣、道士、使臣、探险家……

丝绸四路

在古代，中国的丝绸是东方文明的象征，而以丝绸为媒介的对外交通线，都被誉为"丝绸之路"。中国古代的丝绸之路有四条：绿洲丝绸之路、海上丝绸之路、西南丝绸之路和草原丝绸之路。

绿洲丝绸之路也称沙漠丝绸之路，指经过中亚沙漠地带片片绿洲的道路。人们提到的丝绸之路大多是指这一条，即从长安出发，经河西走廊到新疆，然后分北中南路西行。这是最经典的丝绸之路路线。海上丝绸之路，指经过东南亚、印度到达波斯湾、红海的南海路。马可·波罗返回威尼斯的路线就是这一条。西南丝绸之路，指经四川、贵州、云南、西藏、广西到印度、东南亚。文成公主沿着这条路线进入西藏，永远地离开了自己丰饶美丽的家乡长安。草原丝绸之路，指横贯欧亚大陆北方草原地带的交通道路。

丝路与汉唐

西汉建元三年（前138），汉武帝派遣张骞带领100多位随从从都城长安踏上西去征程，在茫茫未知的西域寻找大月氏国以求共同抗击匈奴。张骞在西域历尽艰险，13年后才返回长安。他虽然未能完成共同抗敌的目的，但却带回了有关当时西域36国物产风貌的大量情况。公元前119年，汉武帝又派张骞带领副使和随从300余人，携带大量丝绸锦绢等礼物，第二次出使西域。与乌孙、大宛、康居、大月氏、大夏、安息、身毒等国建立友好关系，正式开通了丝绸之路。尽管在张骞通西域之前，丝绸之路很可能由许多民族和国家通过辗转贩运或民间贸易等方式早已沟通，但张骞一行是中国向中亚派出的第一个正式的外交使团，所以司马迁誉之为"张骞凿空"。

阳关始建于汉武帝时期，是丝绸之路南路的重要关隘。

玉门关是丝绸之路通往北道的咽喉要隘。

长安是整个丝绸商贸之路的起点。正是有了丝绸之路的沟通，长安拥有了海纳百川般雍容丰厚的文化，留下了众多丝路通商的痕迹。全世界的人们都向往着这个神奇的城市，唐朝也从容地汲取着来自世界各地的营养。唐王朝大胆地以异域文化来充实自己，出现了"胡音胡骑与胡妆，五十年来竞纷泊"的局面。

盛唐的饱满和辉煌集中表现在富丽堂皇的唐三彩上：造型优美、溢彩流光、奇幻多变的唐三彩中有很多载乐骆驼俑、胡人骑驼俑，刻画了胡商中途小憩之后正提缰启程的形象，使丝绸之路上客商如

这处古驿站下面的5米处，就是古丝绸之路新北道遗址。

流、胡音驼铃不绝于耳的景象尽现眼前。

睿智、幽默、豁达、率真、激情的长安凭借丝绸之路，使诸种文明在这里碰撞、融合，其四射的热力吸引着来自世界各地的人们。以长安为中心的中国文化圈自汉代以来日益扩大，到唐代已牢固地控制了东亚地区的文化走向，能够到长安来成为当时世界上很多人一生的渴望。

取经之僧

自张骞通西域后，使者、商人络绎于丝道。东晋时，西行求法可考者达50余人，而其中驰名中外的莫过于法显（东晋时期

著名的僧人、旅行家、翻译家，是中国僧人到印度留学的先驱者）。法显还在《佛国记》中对葱岭地区的物产和气候进行了生动逼真的描述。唐朝初年，著名高僧玄奘自贞观元年至贞观19年（627～645），在外游历17年，周游中亚130余国，经北南两道往返，归后口授《大唐西域记》。历代求法僧侣留下许多关于西域各国气候、特产、风俗的记录，成为人们了解古丝路的宝贵资料。

丝路飞天

丝绸之路上，凡有石窟，必有飞天。

敦煌是世界上路线最长、规模最大、内容最丰富的佛教艺术画廊。因为它位于古丝路重要的交通枢纽，所以汲取了来自世界各地的艺术营养，也积累了无数代人的心血和智慧。发现伊始，便震惊世界。在这个艺术之宫中，壁画精美绝伦，塑像活泼生动，尤为独特的是飞天形象。

在一个初唐开凿的洞窟里，人们看到了这样一种飞天。洞窟的藻井用淡蓝作底色象征天空，中心是一朵盛开的莲花，莲花四周是4身美丽的飞天。飞天围绕着莲花右旋飞翔，身上的长巾随风飘舞，姿态各异。藻井外围是12身伎乐飞天，手中持着各种不同的乐器，边飞边奏。飞天也叫香音神。据说，佛在说法时，飞天们就在天上边飞边散手中的鲜花，飞过后芬芳的气味弥漫天上人间。敦煌的飞天，只凭着几根薄薄的丝绸飘带，却飞得那么轻盈自在，使人感觉到那是来自灵魂的力量。比起长着翅膀的天使来，似乎更富有想象力。

昔人长逝，烟尘犹在。2000年过去了，在交通发达的今天，丝路已经超越了它的实用价值，成为人们寄托浪漫与梦想的地方。

玄奘法师背负经笈，右手持拂尘，左手握经卷，一副行脚僧的样子。

丝绸之路东起长安，图为丝绸之路起点处的雕像。

盘旋的历史

古蜀道

古蜀道贯穿川陕之间，为进出川陕的唯一通道，自古号称"难于上青天"。其间有峭壁如削、诗意悠然的明月峡，有山环路绕、曲折盘旋的七盘关，更有"一夫当关，万夫莫开"号称险绝天下的剑门关……

出演蜀道故事的舞台上，主要布景是四川盆地、汉中盆地、关中平原以及阻隔着它们的秦巴山地。秦岭陡峻、巴山巍峨，中原和巴蜀的沟通十分艰险，"令人听此凋朱颜"。然而，历经秦汉等朝上千年的开拓和沟通，在秦巴山地基本形成了七条交通要道，自古以来，人们便把翻秦岭过巴山、连接西北城市西安和西

剑门关可谓一道天然城郭，享有"剑门天下险"之誉。

南城市成都的道路称为蜀道。蜀道北起陕西汉中宁强县，南到四川成都，经广元、剑阁、梓潼、绵阳等地。

在七条古道中，秦岭中有四条：陈仓道、褒斜道、傥骆道和子午道。这四条栈道均位于汉中以北，历史上称其为"北栈"。陈仓道也叫故道，从陕西宝鸡出大散关，直达汉中勉县；褒斜道北起宝鸡的斜谷，南到汉中褒谷口，走这条道的人最多；傥骆道从陕西周至县的骆谷通往汉中洋县傥谷，这条道最近，但也最

为艰险；从陕安长安县子午谷到汉中西乡县的子午道最长，走的人较少。

巴山中有三条，即洋巴道、米仓道和金牛道。这七条数到受战乱等因素的影响，时毁时修，此通彼塞，相互交替地使用了数千年。

褒斜道位于汉中市北，因取道褒水、斜水两河谷，贯穿褒斜谷而得名。

金牛道

蜀地本是与世隔绝的世外仙源，蜀道的开辟源自五丁开山的传说。相传战国时期，秦王一心要吞并富裕的蜀地，却苦于无入蜀之道。秦王苦思冥想，想出一计：派人做了五头石牛，每天在石牛屁股后面摆上一堆金子，谎称石牛是金牛，每天能拉一堆金子。贪婪的蜀王听到这个消息，马上托人向秦王索求，秦王答应了。当时蜀国有五个力大无比的大力士，叫五丁力士。蜀王就叫他们去凿山开路，把金牛拉回来。五丁力士好不容易开出一条金牛路，拉回了这五头石牛。如此一来，秦王入蜀的奸计就得逞了，很快便吞并了蜀国，所以蜀道的主道又叫金牛道。

剑门关

剑门关是蜀道上最重要的关隘，位于四川省广元市剑阁县城北30千米处。剑门关地势险要，紧扼入蜀的咽喉，历来为兵家必争之地。三国时期，蜀国丞相诸葛亮率军讨伐魏国，路经大剑山时，见山势险峻，便令军士凿山岩，架飞梁，搭栈道。诸葛亮命军士在大剑山断崖之间的峡谷隘口砌石为门，修筑关门，派兵把守。后来，魏军镇西将军钟会率领10万精兵进取汉中，直逼剑门，欲取蜀国。诸葛亮命蜀军大将姜维率领3万兵马退守剑门关，抵挡钟会10万大军于剑门关外。历史上，除了1935年李先念指挥红军强渡嘉陵关，奇袭营盘嘴，攻克过剑门关外，没有任何兵家从正面攻下过剑门关。

如今，古蜀道已经成为著名的旅游景点，可饱览"飞梁架绝岭，栈道接危峦"的风光。风光旖旎、历史积淀深厚、名胜古迹众多的古蜀道，有太多的魅力值得我们去发掘。

古蜀栈道地处嘉陵江边的明月峡，雄极险绝。当年诸葛亮北伐曾对此修筑扩建，今峡谷内因多道汇集，被誉为"中国交通博物馆"。

云南盛产茶叶。茶叶一经传入西藏，就成为食肉饮乳的藏人的生活必需品。一地产茶，一地需茶，联系两地的茶马古道便应运而生了。

世界上地势最高、最险的商路

茶马古道

茶马古道由横断山脉东侧的云南和四川的茶叶产地出发，穿越横断山脉以及金沙江、澜沧江、怒江、雅砻江向西延伸，跨越中国最大的两个高原(青藏高原和云贵高原)，最后通向喜马拉雅山南部的印度次大陆。它不仅是连接汉藏等多民族的经济文化纽带，也是人类为了生存所激发的非凡勇气和所做出的超常努力的象征。

四

川

茶马古道四川雅安起点

茶马古道的主要线路有两条：一是从云南的普洱茶原产地（今西双版纳、思茅等地）出发经大理、丽江、中甸、德钦到西藏的芒康、左贡、邦达、昌都、洛隆宗、工布江达、拉萨，再经由江孜、帕里、亚东分别到缅甸、尼泊尔、印度；二是从四川的"雅茶"产地雅安一带出发，经泸定、康定、巴塘、昌都到拉萨，再到尼泊尔、印度。在两条主线沿途，还有无数大大小小的支线如蛛网般密布在各个角落，将滇、藏、川大三角区域紧密联系在一起。

古道贸易

在古代，茶马古道上贸易来往的货物主要是四川、云南的茶叶、铜铁器皿和土杂日用品，还有西藏的山货药材、氆氇地毯及皮毛，也有一定数量的茶马互市。但在半个多世纪前轰轰烈烈的抗日战争中，茶马古道成为大西南后方主要的国际商业通道。

可以说，从遥远的唐代直到20世纪五六十年代滇藏、川藏公路修通，茶马古道一直在默默地流通着。至今，在短途区域里，它仍在通行。

第九章

Part9

古国王朝篇

古老中国绵长的历史河流中，沉浮着无数古国王朝的奇异瑰宝。越往河流的上游前行，历史面目越模糊，但是现代考古的发展正在使它们的轮廓逐渐清晰：广汉三星堆古蜀王国的发现，使人们开始重新认识长江在中华文明中的位置。在欧亚大陆的腹地中心西藏阿里，隐藏着一个炫目的传奇：古格王朝神奇的崛起与神秘的湮灭……

神秘的青铜文化

三星堆古蜀王国

在四川广汉南兴镇的平原上，有三座突兀的黄土堆，称为三星堆。1929年春天，一个当地农民在宅旁挖水沟时，意外发现了一坑精美的玉石器，由此揭开了对三星堆文明半个多世纪的发掘研究历程的序幕。

在四川广汉南兴镇的北面，古老的马牧河在经过三星堆村时形成了一个月牙般的弯道——月亮湾。河的南岸是三个起伏相连的黄土堆，这便是古蜀先民生息繁衍的地方：三星堆遗址。

1986年7月～9月，考古学家在三星堆遗址上发现了两个商代大型祭祀坑，两坑出土了上千件国宝级文物，震惊了世界，由此三星堆古蜀国文明扬名天下。目前，三星堆遗址的面积约12平方千米，已出土了金器、铜器、陶器、玉石器、象牙等上千件古文物，是四川境内目前所知的范围最广、延续时间最长，文化内涵最为丰富的古蜀文化遗址。

四川

三星堆 "祭祀坑" 里是无数在埋入前就已经被损坏的青铜艺术品。

三星堆遗址是一处距今4800年至2800年左右（即从新石器时代晚期延续至商末周初）的古蜀文化遗址，它的发现把古蜀国的历史向前推进了1000多年，同时它代表了长江流域商代文明的最高成就，有力地证明了中华文明起源的多元性，被誉为"长江文明之源"。

青铜神树，由底座和树身两部分组成。其树高3.48米，底座上铸有三个跪坐守卫的人。这满身奇物的神树，造型庞大，象征的是一条通天神道。

神秘的青铜文化

如果说秦始皇兵马俑是以数千泥塑战将的威武身躯展示了帝国力量的磅礴，那么三星堆青铜艺术，尤其是"祭祀坑"出土的数百件青铜人物雕像、人头像、人面像、兽面像、黄金面罩、青铜神树等构筑成的青铜方阵，展示了一个以蜀王为核心的、有着众多族类拥戴的统治集团结构。青铜大立人高踞于群像之上，他既有王者之风，又有主神之仪，因此是群巫之长。其他人头像、人像则代表着蜀王治下的各级统治者、各族之长或群巫。

三星堆两个"祭祀坑"及其出土器物成为人们解开古蜀王国神秘之门的一把钥匙。对于这两个坑的性质，学术界争论颇

三星堆一号、二号坑出土了许多跪坐小人像，有的张口露齿、神态严肃，有的正襟危坐、表情肃穆。

多。有人认为那是三星堆古蜀国人进行祭祀后的遗留，其中包括"燎祭"与"瘗埋"的过程，即将祭物用火焚烧后埋葬。祭祀的对象为天、地、山川及祖先神祇。也有人认为这两个"祭祀坑"是古蜀国王朝更替的结果，即鱼凫被另一新兴势力杜宇族所灭。鱼凫族最后的王及其宗族被杀，其王杖等财宝被烧毁埋葬（一号坑）；宗庙被捣毁，其以祖先蚕丛像为主的众神像、礼器等被打碎、烧毁后抛入土坑内（二号坑），正如《国语?周语》中所说"人夷其宗庙，而火焚其彝器"的写照。也有人认为，这些珍贵的器物可能是因为当时古蜀国发生了一次重大变故，三星堆古城面临着被废弃的命运。人们在迁走之前把不便携带的物品，例如金器、铜器、玉石器全部埋了起来，这便是两个"祭祀坑"内大批文物的由来。

在三星堆的两大"祭

图为二号坑出土的青铜人头像，属于商代后期的青铜作品。

祀坑"内共出土了三四百件青铜器。其中，一号坑出土的青铜器的种类有人头像、人面像、人面具、跪坐人像、龙形饰、龙柱形器、虎形器、戈、环、龙虎尊、羊尊、盘等；二号坑出土的青铜器有大型青铜立人像、跪坐人像、人头像、人面具、兽面具、兽面、神坛、神树、太阳形器、眼形器、铜铃、铜挂饰、鸟、蛇、鸡、怪兽等。

三星堆青铜器以大量的人物、神像、灵兽、虫蛇、植物为造型。这与当时人们的宗教祭祀活动有关。器物形态奇特怪异，如青铜人头像、人面像和人面具代表被祭祀的祖先

神灵；青铜立人像和跪坐人像代表祭祀祈祷者和主持祭祀的人；眼睛向前凸出的青铜兽面具和扁平的青铜兽面具等可能是蜀人崇拜的自然神；青铜神树反映了蜀人植物崇拜的宗教意识。从这些可以窥见三星堆文明原始宗教信仰崇拜的一些特色。

专家通过对这些祭祀品的分析认为，三星堆古蜀国的祭祀方式是多样的，已产生了许多代表不同的宗教崇拜对象的神灵，反映出了复杂的信仰观念，并且已经具有了一个比较完整的神灵系统，形成了一个具有天神（太阳神）、地祇（社、山）和人鬼（王国的始祖神、先公先王、组成王国的各族群的祖先）的三层神灵结构。

在出土的青铜器的冶

铸方面，范铸法和分铸法的使用和以铅锡铜为主的三元合金的冶炼，表明在商周时期，三星堆古蜀国就已经有高度发达的青铜文明了。

失落的古蜀国文明

古史中关于古蜀历史的记载少之又少。《山海经》一书对于研究三星堆文化及巴蜀文化具有重要的参照价值，但其真实性无从考证。因而，古蜀国

青铜立人像，头戴花冠，阔眉，杏叶眼，双手抬高作握物状。铜像高1.7米，底座0.9米。

三星堆遗址示意

三星堆博物馆位于三星堆遗址东北角。

的历史通常只能上溯至春秋战国时期。

但三星堆古文物的出土，使得自古以来真伪难辨的古蜀史传说成为信史，史载在蜀地先后称王的有蚕丛、柏灌、鱼凫、杜宇、开明，三星堆最为繁盛的时期大抵属鱼凫王时期。鱼凫，即俗称的鱼老鸹，三星堆遗址出土有大量的鸟及鸟形器，其喙部多有如鱼鹰者，很可能就是鱼凫的象征或其族徽。另外，从三星堆遗址可以看出，古蜀国已建立了城市，制造出了青铜器，并有了大型的宗教祭祀场所，这些都是早期国家产生的标志因素。此外，用以充当商品流通交换媒介的海贝和象征财富的象牙等，都表明了在商周时期，三星堆古蜀国已具有较为强大的综合实力和相对稳定独立的政治地位。

三星堆文明与长江文明的关系

长江文明和黄河文明是中华文明的两个重要组成部分。从三星堆晚期的器物看，很大程度上受中原和长江中下游文明的影响。三星堆出土器物的形制和文饰，很多都与中原或长江中下游的良渚文明和二里头文明出土的器物相似，而良渚文明和继承龙山文明的二里头文明都早于三星堆文明。在商王朝灭亡以后，楚继承了商文明在南方的发展，周继承了商文明在北方的发展，蜀继续和这些地区保持经济文化方面的交流，晚期蜀文明中便有了较浓厚的楚文化色彩。

考古材料说明，以华夏族为主体的中华文明是多元化的耦合而形成的，各民族之间在经济文化方面长期互相交流，取长补短，最终才出现了异彩纷呈的中国古代文明。

长安远在西域的翻版

高昌故城

高昌故城位于吐鲁番市以东偏南约46千米的火焰山乡所在地附近。自汉唐以来，高昌就是连接中原与中亚、欧洲的枢纽，世界各地的宗教先后经由高昌传入内地。它是世界古代宗教最活跃、最发达的地方之一，也是世界宗教文化荟萃的宝地。

曾经有一位考古学家这样说："如果想知道盛唐时的长安城是什么样子，就来吐鲁番的高昌故城吧，它就是唐时长安远在西域的翻版。"据史书记载，当年高昌城城墙上共有12重大铁门，城中房屋鳞次栉比。时光已逝千年，但当年的庙宇、佛堂、街道遗址至今仍依稀可辨。

高昌历史

高昌是和交河齐名的丝路名城。公元前1世纪，西汉大将李广利率领部队在此屯田，设立高昌壁。公元327年，前凉王张骏在此"置高昌郡，立田地县"，高昌郡前后延续了115年。公元450年，北凉王沮渠安周攻破交河城，灭车师前国，吐鲁番盆地政治、经济、文化的中心遂由交河城转移到高昌城。9世纪中叶，回鹘人（今维吾尔）在此建立了回鹘高昌王国。13世纪中叶以后，蒙古游牧贵族以海都、都畦为首发动叛乱，曾多次南下侵犯臣属于元朝的回鹘高昌国。1275年，都畦率领12万骑

高昌故城内城的建筑物全用土坯砌成，许多建筑物的房顶历经风沙剥蚀，早已荡然无存，只留下黄色的土墙四壁或残缺不全的院落。

兵围攻火州（高昌在元代的名称），达半年之久。现在的高昌旧址就在这次战争中毁于一旦。

故城遗址

高昌故城城郭高耸，街衢纵横，护城河道的残迹犹存，城垣保存基本完

高昌故城的外城多是民居房舍，夯土厚实，间杂少量土坯，遗痕尚存。

高昌故城是中国古代通往中亚的古丝道交通枢纽。上至西汉，下迄元朝，它一直是西域的文化、贸易、佛教重地之一。

好。城垣大体呈正方形，基址厚12米，高11.5米，周长5.4千米，为夯土板筑，部分地段用土坯修补。故城原分外城、内城和宫城三重，布局酷似唐代的长安城。城内所有建筑物，包括王宫、官署、佛寺等，全用夯土或土坯建造，门窗顶部多作穹隆形，类似今日吐鲁番的建筑。房顶历经风沙剥蚀，早已荡然无存，只留下黄色的四壁土墙或残缺不全

的院落。有些墙壁平地拔起，高达10余米，似为黄土高原上的小丘。

外城西南隅有一寺院遗址，占地面积近1万平方米，由寺门、庭院、讲经堂、藏经楼、大殿、僧房等组成，寺内殿堂、高塔和佛龛均保存较好。据说唐代高僧玄奘西游取经，曾在此寺内讲经。这期间，高昌国经济发达，佛教繁盛，而唐玄奘正是在这个时期经过高昌国的。29岁的玄奘经哈密

向西，进入高昌城。并为众人讲经。此后国王令他留在此地，但玄奘以绝食相逼。国王被其西行的执著之心感动，遂忍痛放行。两人约定待取经归来后，玄奘将留在高昌为这里的臣民讲经3年。然而17年之后，玄奘从印度取经归来时，高昌国已被唐王朝所灭。

高昌故城自公元前1世纪高昌壁建立至13世纪末被废弃，鲜活生动地存在了1300多年，而其始建时间距今也有2000多年。它与交河故城是一对风格不同的"姊妹城"，都是吐鲁番地区千年沧桑的历史见证。

当年唐代高僧玄奘曾在高昌盘桓月余，并为僧众讲经。故城寺院遗址中，保存完好的"唐僧讲经台"建筑十分引人注目。

大地上最完美的废墟

交河故城

在新疆吐鲁番盆地有一座柳叶形的孤岛，南北长约1.6千米，东西最宽处约300米，四周悬崖，河水环绕其下。其上保存着一处世界上罕见的大型生土古代城市遗址，现存建筑遗迹达30多万平方米，仅文字记载的历史就有2000多年。人们称其为"交河故城"。

高大的金刚座式佛塔。车师古国是崇尚佛教的国家，城内修筑了许多佛塔。

交河城是公元前2世纪至5世纪中叶由车师人开创和建造的，在南北朝麹氏高昌时期和唐朝达到鼎盛。9~14世纪，交河城逐渐衰落。元末察合台时期，吐鲁番一带连年战火，交河城毁损严重，终于被弃。

故城遗址

交河故城是一座生土城，建在一个巨大的黄土台地山上，城中所有建筑物均以生土砌造。故城四面临崖，在东、西、南三侧的悬崖峭壁上建有三座城门。贯穿南北的一条中心大道把城区分为东、西两部分。东区南部为大型民居区，北部为小型民居区，中部为官署区。西区除大部分民居外，还分布有许多手工作坊。大道北端是一座规模宏伟的寺院。城中大道两旁皆

都护府署衙占据着交河城最险要的位置。

如今的交河只是一条被时间流水冲刷过的干涸河床。

是高厚的街墙，临街不设门窗。

交河兴衰

自汉武帝命张骞通西域后，历经三朝近1个世纪的持续努力，交河才成为汉王朝稳固控制的屯田之地。汉王朝统治了西域，给交河带来了巨大发展。

450年，交河城最早的统治者车师王族受到沮渠氏的攻打，车师国王的儿子车歇降下了车师王族长达600年统治的王旗。之后，崇信佛教的沮渠氏占据了交河，交河进入高昌国时期。交河城迎来了

一次通向佛国的改建。同样崇佛，其文化内涵却稍有不同。沮渠氏、阚氏、麴氏家族先后建立的高昌王国从直接来源于西方印度的佛学教义中汲取营养。而盛世大唐统治西域之后，则是一场大规模的佛教回潮，佛教东渐后经由当时的大唐滂沱吞吐又传回西域，落户交

河。14世纪，蒙古贵族海都等叛军经过多年的残酷战争，先后攻破高昌、交河，同时，蒙古统治者还强迫当地居民放弃传统的佛教信仰改信伊斯兰教。在精神与物质的双重打击下，交河终于走完了它生命的历程。

在西域，没有一座古城的城中大道像交河故城里的中心大道这样威严。

最接近天空的遥远国度
古格王朝

西藏阿里——地球上离大海最远的地方，位于欧亚大陆腹地中心，平均海拔在4000米以上，号称"世界屋脊的屋脊"。在这个似乎被现代文明遗忘的角落里，隐藏着一个炫目的传奇：古格王朝神奇的勃兴与神秘的湮灭、灿烂深厚的古格佛教艺术。

西藏自治区

西藏吐蕃王朝之后的600多年间，一个名为古格的王国雄踞西藏西部，在中国的历史舞台上留下了浓墨重彩。然而，300年前，古格王朝突然由盛转衰，瞬间消失于茫茫沙海。偌大的王国仅留下恢弘的遗址和遗物。古格，从此成为西藏神奇地域的谜中之谜！

古格王城的格局明显地体现了王权的至高无上，王宫建筑群位于山顶，依次向下是贵族居所，都是土木结构的房屋，而山腰及山脚密密麻麻的窑洞群，则是平民及奴隶的栖身之地了。

神奇的勃兴与神秘的湮灭

9世纪中期，吐蕃王朝逐渐衰落，西藏社会进入割据时期。王室后裔中相继兴起拉萨王系、古格王系、拉达克王系等等。诸系中影响最大、历史遗存最丰富的首推古格王系。

古格王系兴起于10世纪中期，由吐蕃第9代藏王朗达玛的曾孙吉德尼玛衮创建。史载，朗达玛杀其弟篡夺王位，又因毁灭佛法被僧人刺杀。其后，王子维松和水登争夺王位，征战近30年，民不聊生。平民奴隶于王室纷乱中揭竿而起，处死了吐蕃末代藏王维松的儿子贝考赞，其子吉德尼玛衮携众逃亡阿里，不意竟成为统一阿里的君王，他的幼子

古格王国的整座王宫都建筑在土山上，看上去还像是一座巨大的城堡。

德祖衮成为700余年古格王朝的开国君主。而关于古格王朝的灭亡有两种说法：一说是1630年被拉达克王僧格南杰所灭，一说是1840年亡于印度道格拉斯王朝。根据《拉达克纪年史》的记载，前一说更可靠。16世纪末叶，黄教立足未稳，各教派角逐纷争，拉达克王利用西藏内部的混乱对古格宣战，以报复古格王对其家族荣誉的侮辱：古格王曾经拒绝了与其妹妹的婚事。战争持续了15年，直到葡萄牙传教士带来的天主教引起政权内部对立，僧侣们引狼入室才使强大的古格遭到灭顶之灾。

宫堡故址

古格王朝遗址位于西藏阿里地区札达县境内的象泉河南岸。在一座高300多米的黄土山上，矗立着古格王朝的宫堡故址。这座宫堡由王宫、庙宇、佛塔、洞窟组成，从10世纪至16世纪不断扩建，规模十分庞大。宫堡依山叠砌，从地面到山顶建筑物上下高差达300米，居高临下，地势险峻，气势雄壮巍峨。宫堡内有四通八达的地道，外有坚实的城墙，犹如铜墙铁壁，巍然屹立。

整个遗址的面积约18万平方米，包括数百座房屋、数百孔窑洞及数座10多米高的佛塔，还有红庙、白庙、轮回庙、王宫殿和集会议事殿等庙宇、殿堂。其中，尤以红、白、轮回三庙保存最为完好。三庙中还残留许多泥塑佛像和生动的壁画。高踞山顶的议事殿是王城中最为轩敞的建筑。王宫遗址分夏宫和冬宫。夏宫建在地面，规模很小。冬宫修在地下，现保存完好。古格王朝永远是一个诱惑，亟待人们去探索，去发现，去破译……

当年，古格王冬天和夏天分别住在冬宫和夏宫两座宫殿里。图为夏宫。

古格王朝遗址中保留了大量造型优美、技艺精湛的壁画。

图书在版编目（CIP）数据

国家地理百科全书：中国版／龚勋主编．—汕头
：汕头大学出版社，2012.1（2021.6重印）
ISBN 978-7-5658-0560-8

Ⅰ．①国⋯ Ⅱ．①龚⋯ Ⅲ．①地理－中国－青年读物
②地理－中国－少年读物 Ⅳ．①K92-49

中国版本图书馆CIP数据核字（2012）第008954号

国家地理百科全书:中国版

GUOJIA DILI BAIKE QUANSHU ZHONGGUO BAN

总 策 划	邢 涛	**印 刷**	唐山楠萍印务有限公司	
主 编	龚 勋	**开 本**	705mm×960mm 1/16	
责任编辑	胡开祥	**印 张**	10	
责任技编	黄东生	**字 数**	150千字	
出版发行	汕头大学出版社	**版 次**	2012年1月第1版	
	广东省汕头市大学路243号	**印 次**	2021年6月第7次印刷	
	汕头大学校园内	**定 价**	34.00元	
邮政编码	515063	**书 号**	ISBN 978-7-5658-0560-8	
电 话	0754-82904613			